PAWLAK JUGENDBUCH

Anja Dott
Kaiser-Heinrich Str. 49
5401 Urmitz/Rh.

Irene Reif
Große Freundschaften
2 Geschichten
Drei halten zusammen
Ein großer Hund für die kleine Bibi

Pawlak Taschenbuch Verlag, Berlin, Herrsching

© 1984 Manfred Pawlak-Taschenbuch-Verlagsgesellschaft mbH,
Berlin, Herrsching
Alle Rechte vorbehalten, insbesondere das Recht des Nachdrucks in Zeitungen und Zeitschriften, des öffentlichen Vortrages, der Verfilmung oder Dramatisierung, der Übertragung durch Rundfunk oder Fernsehen, auch einzelner Bild- oder Textteile.
Sämtliche Weltrechte vorbehalten.
Titelbild von Alfons Schweiggert
Gesamtherstellung Elsnerdruck GmbH, Berlin
Printed in Germany.
ISBN 3-8224-0507-8

INHALT

Drei erleben Sommerferien

Drei kleine Mädchen schließen Feundschaft 7
Marianne hat eine feine Idee 17
Hurra, die Ferien sind da! 29
,,Katzenmütter" 40
Wie der Streitteufel vertrieben wurde 49
Ein aufregender Tag 55

Drei reisen in den Winter

Eine Reise wird geplant 69
Endlich, endlich ist es so weit 78
Der Lerchenhof 86
Die Waldhütte und die seltsame Spur 98
Heilige Nacht 109
Allein im Wald, ein Unfall und ein Wilddieb 114
Ende gut, alles gut 124

Drei erleben Sommerferien

Drei kleine Mädchen schließen Freundschaft

Am liebsten saß Petra auf den Hausstufen und ließ sich die Sonne ins Gesicht scheinen, oder sie streichelte die dicke, schwarze Katze von der Nachbarin. Unter uns gesagt: die kleine Petra faulenzte gar zu gern. Auch ihre Lehrerin nannte sie oft einen unverbesserlichen Faulpelz.

Petra sah nicht ein, warum sie so schöne Tage mit Lernen in der Stube verbringen sollte. Wozu ließ der liebe Gott denn die Sonne so schön scheinen?

Petras Eltern war das freilich gar nicht recht. Sie hätten viel lieber ein fleißiges kleines Mädchen gehabt. Manchmal waren sie darüber sehr traurig. Petra hatte keine Geschwister. Ihr Papa war Zahnarzt in der kleinen Stadt. Er dachte immer, Petra könnte einmal, wenn sie tüchtig lernte, Zahnärztin werden.

Das kleine Mädchen machte sich darüber keine Gedanken. Bis dahin war es ja noch so lang! Noch zehn Jahre vielleicht! Das hatte doch wirklich Zeit. Und sie vergaß, »was Hänschen nicht lernt, lernt Hans nimmermehr«.

Ihr einziger Kummer war, daß sie keine Freundin hatte. Natürlich kannte sie viele Kinder, spielte mit ihnen und stritt sich mit ihnen. Aber das ging immer nur für kurze Zeit gut. Dann sagten die Kinder:

»Faulpelz, Faulpelz«, weil es ja ein jeder in der Stadt wußte. Petra ließ sich das nicht gefallen und schlug sich wie ein Gassenjunge. Sie biß und kratzte wie eine Katze, so wütend war sie. Aber das verschlimmerte nur alles. Die Kinder hatten Angst vor ihr und rannten weg, wenn Petra zum Spielen kam.

»Niemand mag mich«, sagte Petra verstockt. Und dann sah sie in den Spiegel und fand, daß sie wirklich aussah wie ein Lausbub. Igelhaarschnitt und Sommersprossen auf der Nase – und zu ihrem Ärger eine große Zahnlücke. Petra streckte sich selbst die Zunge heraus und hätte gern geweint, aber da sie keine Heulsuse sein wollte, ließ sie es bleiben.

Eines Tages aber geschah etwas, was Petra ganz durcheinander brachte. Sie fand eine Freundin.

Es war kurz vor den langen Sommerferien, da sagte die Lehrerin am Anfang der ersten Stunde:

»Kinder, in ein paar Minuten bekommt ihr eine neue Mitschülerin. Seid nett zu ihr, damit sie sich bei uns gleich glücklich fühlt. Wollt ihr?«

Die ganze Klasse schrie:

»Ja, ja – wo ist sie denn?«

Da ging die Tür auf, und der Rektor kam mit einem Mädchen herein, das ein wenig erschrocken auf die vielen Gesichter starrte.

»Komm herein, Marianne«, sagte die Lehrerin freundlich. »Hier findest du bestimmt viele Freundinnen. Setz dich in die letzte Bank, neben Petra Wagener, da ist noch ein Platz frei.«

Und zu der Klasse sagte sie:

»Das ist eure neue Mitschülerin Marianne Althoff.«

Das neue Mädchen ging langsam durch die Bankreihe und setzte sich neben Petra. Alle Kinder wandten die Köpfe nach ihr und hatten neugierige Augen. Da lachte plötzlich ein Mädchen, ein anderes kicherte und ein drittes sagte ganz deutlich:

»Ist die dick! Wie eine Zuckernudel!«

Und da die Lehrerin den Herrn Rektor vor die Tür geleitete, war niemand da, der ihnen gewehrt hätte. Im Nu lachte und brüllte alles.

»Zuckernudel, Dickmamsell...«

Das neue Mädchen saß da und wagte nicht mehr aufzuschauen, und der Lärm in der Klasse wurde immer lauter. Hedi, das größte und stärkste Mädchen in der Klasse, warf zuerst mit einem Papierball nach der Neuen, und dann flogen von allen Seiten Geschosse auf die Neue.

Petra sagte nichts; sie warf auch nicht mit. Sie saß nur da und sah die Neue an. Sie war wirklich sehr mollig, hatte kurze, blonde Rattenschwänze und roch nach Himbeerbonbons. Und nun fing sie auch prompt an zu weinen.

Petra wußte nicht, warum ihr auf einmal so komisch zumute war. Am liebsten hätte sie mit der Neuen geheult, aber gleichzeitig hatte sie auch große Lust, auf all die Schreihälse loszugehen.

»Aufhören«, schrie sie plötzlich, »sofort aufhören!« Und als niemand auf sie hörte, ging sie hin und gab Hedi eine klatschende Ohrfeige. Das half dann. Vierzig Augenpaare starrten sie an. Sie hatte Hedi eine Ohrfeige gegeben! Das würde die sich nie gefallen lassen.

»Schämt euch«, schrie Petra und hatte ganz rote Backen vor Zorn und Eifer. »Schämt euch . . . ihr habt alle versprochen, nett zu ihr zu sein, und sie ist gar nicht so dick! Schämt euch! Ich bin froh, daß keine von euch meine Freundin ist«, sagte sie noch, und hatte gar nicht bemerkt, daß die Lehrerin wieder im Zimmer war.

»Petra hat recht«, sagte sie nun. »Ihr solltet euch schämen. Zur Strafe für euer schlechtes Benehmen schreibt ihr zu Hause einen Aufsatz. Und nun setz dich wieder, Petra, und gib Marianne die Hand.«

Marianne sah schüchtern Petra an, als sich diese neben sie setzte. Und dann nahm sie dankbar Petras Hand und sagte leise:

»Danke . . . du warst riesig nett.«

Petra machten die Worte verlegen, und sie sagte prahlerisch:

»Ach was . . . die Bande habe ich schon öfters zurechtgewiesen.«

In der ersten Stunde hatten sie gleich Rechnen. Petra seufzte laut, als sie Buch und Heft aus der Tasche holte.

»Toller Anfang«, maulte sie und schnitt eine Grimasse. Und die blonde Marianne neben ihr fragte schüchtern:

»Magst du Rechnen etwa nicht?«

»Magst du es etwa?«

»O ja ... sehr gern sogar. Lieber als Lesen oder Schreiben.«
Petras Augen wurden rund vor Staunen.
»Na so etwas! Ist das möglich?«
»Ich möchte wissen, was es in der letzten Bank zu reden gibt!« Die Lehrerin sah ernst zu den beiden hin, und Petra mußte den Mund halten. Es fiel ihr schwer. In ihren Augen war Marianne ein Wunderkind, wenn sie Rechnen mehr liebte als Lesen.

Der Unterricht zog sich für Petra lang hin. Sie fand, daß die Schulstunden viel zu lange dauerten. Während der großen Pause regnete es, und die Klasse mußte im Schulzimmer bleiben. Und da die Lehrerin im Klassenzimmer blieb, wurde es auch gar nicht lustig. Die Mädchen saßen alle artig in ihren Bänken, aßen ihre Brote und tranken ihre Milch.

»Stimmt das wirklich mit dem Rechnen?« fragte Petra ihre neue Nachbarin. Die blonde Marianne nickte. Sie konnte nicht sprechen, weil sie einen vollen Mund hatte.

»Was bist du nur für eine ... eine Ziege«, sagte Petra. »Ich dachte, du seist prima ! . . und jetzt magst du das Rechnen!«

Marianne sagte immer noch nichts. Sie aß ununterbrochen ihre Brote. Petra aß auch gern; jedenfalls gefiel ihr Essen besser als Lernen. Aber was Marianne alles in einem fort aß, war ungeheuerlich.

»Jetzt weiß ich, warum du so dick bist«, sagte Petra, nachdem sie Marianne eine Weile zugesehen hatte. »Wenn ich so viel essen würde, wäre ich genau so dick. Bist du so hungrig – oder ißt du, weil es dir eben Spaß macht?«

Marianne dachte darüber nach, und da sie schon wieder den Mund zu voll hatte, klopfte sie auf ihr rundes Bäuchlein und verdrehte die Augen. Sie wollte damit wohl sagen, daß es ihr immer schmeckte.

»Und warum kaufst du dir keine Milch? Milch magst du wohl nicht?«

Marianne aß endlich einmal den Mund leer, dann sagte sie: »Ich mag sie schon – aber jeden Tag Milch trinken ist zu teuer.«

Petra blieb der Mund offen.

»Teuer? Sie kostet doch nur fünfzig Pfennig für die ganze Woche!«

Marianne war endlich fertig mit dem Essen. Sie wischte sich sittsam den Mund mit dem Taschentuch – und es war sogar ein ganz frisches Taschentuch. Petra sah es ein wenig verlegen; mit ihren Taschentüchern war es so eine Sache.

»Schon ... fünfzig Pfennig sind für dich eben nicht viel. Aber die Kleinen trinken jeden Tag für zwei Mark Milch ... das macht in der Woche ...« Sie bekam eine steile Falte auf der Stirn und wurde ganz rot vor Anstrengung. »Das macht in der Woche vierzehn Mark ... stimmt's?«

»Das haben wir noch nicht gehabt«, sagte Petra schnell.

»Und das sind nur die Kleinen«, fuhr Marianne fort. »Hans war lange krank und muß viel lernen auf der Oberschule ... er muß Milch trinken ... noch mal sieben Mark in der Woche ... ich trinke ja auch gern Milch zu Hause ... aber dann auch noch in der Schule? Das macht ja alles im Monat ...«

Petra wurde es unheimlich. Marianne wußte es wohl selbst nicht und sah sie nun fragend an. »Das macht im Ganzen ...«

»Laß nur«, sagte Petra ängstlich, »sicher eine ganze Menge.«

»Ja.«

»Hast du viele Geschwister?«

»Drei«, sagte Marianne. »Die Zwillinge sind ein Jahr alt – und mein Bruder Hans wird in den Ferien zwölf. Er ist furchtbar gescheit.«

»Drei Geschwister!« Petra wurde fast ein wenig neidisch. Und sie hatte keine einzige Schwester; sie wäre ja auch mit einem großen Bruder zufrieden gewesen.

»Habt ihr euch sehr lieb?«

Marianne hob die Schultern. »Ja-a ... aber wir streiten uns viel, der Hans und ich. Bist du ganz allein?«

»Ja«, sagte Petra, »und es macht mir gar nichts aus.«

»Sicher nicht. So kannst du die ganze Milch allein trinken und alle Butterbrote essen und alle Äpfel.«

Die Glocke läutete zum Unterrichtsbeginn. Petra fiel etwas ein; sie glaubte, es sei etwas sehr Gescheites.

»Marianne paßt gar nicht zu dir! Alle Mariannens, die ich kenne, sind schwarz und mager. Ich nenne dich ›Dicky‹, ja? Oder paßt es dir nicht?«

Marianne sah in ihr Lesebuch, das alle Kinder nun vor sich liegen hatten. »Dicky?«

»Ja«, flüsterte Petra.

»Dann ... dann nenn' ich dich aber ›Peter‹«, zischte Marianne wütend.

Petra lachte. So wurde sie oft genannt; sogar ihr Vater rief sie Peter, wenn er gut aufgelegt war.

»Das macht mir gar nichts aus – bähh ...«

»Abgemacht«, murmelte Marianne, aber ihre Augen waren gar nicht friedlich.

Endlich war die Schule aus. Petra packte ihre Büchertasche zusammen und wollte allein nach Hause gehen. Sie ging ja meist allein nach Hause. Aber da war plötzlich Marianne Althoff neben ihr.

»Ich habe gehört, wo du wohnst ... ich wohne gleich nebenan seit gestern ... darf ich mit dir gehen?«

Selten hatte eine Mitschülerin so zu ihr gesprochen, und sie mußte erst einmal schlucken und Marianne anstarren. Dann sagte sie:

»Willst du wirklich mit mir gehen?«

»Aber ja – wenn du willst? Ich habe keine Freundin hier.«

Petra hätte gern gesagt: ich auch nicht! Aber dann hätte Marianne vielleicht über sie gelacht, und sie konnte es nicht leiden, wenn jemand über sie lachte.

»Dann gehen wir eben zusammen, Dicky.«

»Fein, Peter.«

Sie sahen sich an, lachten dann laut, nahmen sich bei der Hand und liefen eine ganze Strecke so schnell sie konnten. Bis die runde Dicky atemlos stehen blieb.

»Au, ich kann nicht mehr.«

Da die Schule ein wenig außerhalb der kleinen Stadt lag, hatten sie einen langen und schönen Nachhauseweg durch

die Allee. Petra setzte sich auf eine Bank.
»Woher kommst du eigentlich, Dicky?«
Marianne setzte sich neben sie; sie schnaubte immer noch wie eine Lokomotive, die einen großen Berg genommen hat.
»Aus einem kleinen Dorf, das du noch nicht kennst, es war sooo klein«, und sie machte mit ihren Fingern sichtbar, wie klein es gewesen war.
»Und warum seid ihr dort fortgezogen?«
»Weil mein Papa hierher versetzt wurde.«
»Versetzt? Was ist denn dein Papa?«
»Pastor«, sagte Dicky. »Wir wohnen im Pfarrhaus am Marktplatz, gleich bei der evangelischen Kirche.«
»So?« Petra dachte eine Weile nach, dann sagte sie:
»Wir sind aber katholisch.«
Dicky dachte auch nach, lange sogar, dann lachte sie: »Papa sagt, der liebe Gott ist überall auf der Welt – und er ist immer derselbe.«
»Das sagt mein Papi auch.«
Sie sahen sich an und lachten.
»Wollen wir Freunde werden?«
Dicky hatte es gesagt, und Petra schlug das Herz ganz schnell. Wie oft hatte sie sich gewünscht, daß einmal ein Mädchen so zu ihr sprechen sollte!
Aber großtuerisch sagte sie nur:
»Meinetwegen.«
Dicky rückte noch näher zu ihr und flüsterte:
»Nicht nur so – ich meine, richtige Freunde, weißt du? Freunde, die immer zusammenhalten – auch wenn sie mal streiten. So wie es die Buben machen ... die Buben halten immer zusammen und petzen nicht gleich.«
»Das stimmt«, flüsterte Petra zurück, obwohl niemand in der Nähe war. »Wollen wir so sein wie die Buben?«
Dicky nickte und gab ihr feierlich die Hand. »Ehrenwort.«
»Ehrenwort«, sagte Petra, und da ihr einfiel, daß sie ihren Apfel in der Pause nicht gegessen hatte, gab sie ihn Dicky.
»Au, fein ... kommst du heute nachmittag zu mir? Beim Pfarrhaus ist ein Garten; man kann dort prima spielen.«

Petra freute sich und sagte ja. Als sie endlich zum Marktplatz kamen, läuteten die Glocken. Zwölf Uhr mittags war es geworden – und vor einer Stunde war die Schule aus gewesen. Die beiden sahen sich schuldbewußt an.

»Meine Mutter schimpft immer, wenn ich so spät komme«, sagte Petra, und Marianne nickte zustimmend. »Meine auch. . . .guck mal«, rief sie plötzlich, »ist das Mädchen dort nicht aus unserer Klasse?«

Petra sah nur kurz zu dem Mädchen, das auf der anderen Straßenseite mit einer großen Einkaufstasche ging.

»Ach die! Das ist Billy . . . die mag keiner in der Klasse. Mit der spielt keine.«

»Warum denn? Ich find sie aber nett . . .«

»Die?« Petra sah Marianne ganz entsetzt an. »Hast du denn nicht gesehen, was die für eine ist?«

»Was denn für eine . . .«

»Na, die ist eben anders, Dicky . . . sie ist . . . nicht weiß, nicht so wie du und ich und die anderen alle. Und sie hat auch keine richtigen Eltern. Ich glaube, sie weiß nicht einmal, wer ihre Eltern sind. Herr und Frau Bauer haben sie doch nur angenommen, weil sie ihnen leid getan hat. Sie war noch ganz klein, als sie zu den Bauers kam.«

Die blonde Dicky sah dem mageren, kleinen Mädchen auf der anderen Straßenseite nach.

»Wie traurig das ist!« rief sie dann. »Und ihr seid häßlich . . . alle miteinander, ja! Stell dir vor, du hättest keine Eltern . . . keine richtigen.«

»Das wäre furchtbar – sag so etwas nur nicht«, sagte Petra und faßte Dickys Hand.

»Siehst du? Sie kann doch nichts dafür, daß sie keine Eltern hat – und daß keiner sie mag.«

Petra ging langsam weiter; was Dicky da sagte, war ja im Grunde richtig. Sie hatte nur nie darüber nachgedacht.

»Aber sie ist anders als wir, du kannst es sehen! Sie hat pechschwarze, krause Haare, kohlschwarze Kulleraugen und eine braune Haut – so braun wird die meine nicht einmal im Sommer in den Ferien, wenn wir an die See fahren oder in die

Berge.«

Dicky ging neben ihr her und sagte eine Weile nichts.

»Ach, jetzt weißt du auch nichts mehr darauf!«

»Doch«, sagte die mollige Dicky und war ganz ernst. »Mein Papa sagte, der liebe Gott hat alle Menschen erschaffen... die Weißen, die Indianer, die Chinesen – und auch die Schwarzen. Und er hat sie alle gleich lieb.«

»Der liebe Gott schon«, gab Petra zu.

»Und es ist böse von uns, wenn wir das kleine, schwarze Mädchen nicht mögen, nur weil es eine andere Haut hat.«

Petra sagte nichts darauf. Dicky hatte ja recht. So wie Dicky sprach auch ihr Papa, wenn sie schlecht über die dunkle Billy sprach.

»Weißt du was?« rief Dicky plötzlich begeistert und packte Petra so fest am Arm, daß diese aufschrie. »Wir werden allen zeigen, daß wir es gut mit Billy meinen. Wir machen sie einfach zu unserer Freundin. Zu dritt ist es auch viel lustiger, nicht wahr? Du wirst sehen, es wird wunderschön werden, wenn wir Billy in unseren Bund aufnehmen.«

Petra starrte Dicky an, als zweifle sie an ihrem Verstand.

»Die? Wo wir doch gerade erst Freundinnen geworden sind? Das hätte ich nicht von dir gedacht! Geh doch zu ihr!« schrie sie plötzlich, »soll sie deine Freundin werden, aber ich spreche kein Wort mehr mit dir – damit du es weißt.«

Dicky sagte gar nichts mehr; sie sah nur sehr traurig aus, legte den Apfel wieder in Petras Hand und ging allein weiter. Petra war zornig, und sie hätte am liebsten mit dem Apfel nach Dicky geworfen. Aber Dicky sah sich nicht einmal mehr um. Alle Worte, die Dicky heute zu ihr gesagt hatte, fielen ihr ein. Dicky war ein gutes Mädchen; nicht so zornig wie sie, nicht so eigensinnig – und nicht so faul. Und sie war das erste Mädchen, daß gewünscht hatte, ihre Freundin zu werden. Und nun war alles aus.

Auf der anderen Seite kam eben die braune Billy aus dem Milchgeschäft. Petra kam eine Idee, die sie ganz atemlos machte.

»Billy, Billy«, schrie sie aus Leibeskräften, »komm doch

mal herüber – es ist furchtbar wichtig!«

Billy sah sich vorsichtig um, ob auch kein Auto käme, bevor sie auf die Fahrbahn trat, dann kam sie langsam zu Petra. Sie hatte ein wenig Angst vor Petra. Petra schrie immer so, und sie konnte raufen wie ein Junge. Außerdem hatte sie nie ein freundliches Wort zu ihr gesagt.

»Was willst du denn?« fragte Billy schüchtern, »ich hab' es sehr eilig; Mutter wartet auf die Milch.«

»Willst du meine Freundin werden?« fragte Petra und wurde dabei rot wie eine Tomate.

»Deine ... deine Freundin?«

»Na ja«, sagte Petra, »du hast doch keine – ich habe auch erst heute eine gefunden ... eine prima Freundin, die dich sehr gern hat. Sie wollte, daß du zu uns kommst, daß wir immer zusammenhalten ...«

»Und du Petra? Willst du es auch?«

Petra sah in die ängstlichen, schwarzen Augen der mageren Billy, und dann dachte sie an Dicky, und sie schämte sich sehr.

»Ja – Ehrenwort, ich will es auch.«

»Ich freue mich so«, sagte Billy, und dann rannte sie plötzlich davon. Petra hatte aber noch gesehen, daß ihre Augen nach Tränen geschimmert hatten.

»Billy, Billy«, rief sie fröhlich, »um drei Uhr hole ich dich ab, dann gehen wir zu Dicky spielen!«

Billy wandte sich um und winkte. »Ja – ich warte, Petra!« Petra war mit einemmal ganz glücklich und zufrieden. Sie pfiff wie ein Gassenjunge vor sich hin, als sie endlich nach Hause ging.

Ihre Eltern waren schon beim Essen.

»Mahlzeit«, sagte Petra mit einem schlechten Gewissen, denn Papa sah nicht gerade freundlich aus.

»So geht es nicht weiter«, beklagte sich ihre Mutter. »Es wird jeden Tag später, Petra! Du verbummelst immer mehr.«

Petra löffelte in ihrer Suppe.

»Seid nicht böse – bitte ... heute war es nicht meine Schuld – nicht direkt. Ich glaube, ich habe heute etwas Gutes getan.«

Herr und Frau Wagener sahen sich an.
»Was nennst du Gutes, Petra?«
»Darf ich von Anfang an alles erzählen?«
Papa lächelte ihr zu, und Petra fiel ein Stein vom Herzen. Wenn Papa wieder lächelte, war alles gut.
»Na, erzähle schon – aber laß die Suppe darüber nicht kalt werden.«
Und da erzählte Petra von Anfang an, was heute alles geschehen war. Als sie endlich mit dem Erzählen fertig war – war die Suppe kalt, aber die Eltern schimpften nicht.
Ihre Mutter fuhr ihr nur übers Haar, und Papa sagte: »Du hast recht getan, Petra – aber nun mußt du auch zu deinen beiden neuen Freundinnen stehen. Du darfst sie nicht im Stich lassen – auch dann nicht, wenn du morgen in der Schule vielleicht Ärger bekommst. Bringe diese kleine Billy ruhig einmal mit. Deine Klassenkameradinnen sollen sehen, daß wir alle Billy mögen. Vielleicht besinnt sich die eine oder andere und ist von nun an auch netter zu Billy. Und was deine Freundin Dicky betrifft, so freue ich mich, daß du gerade mit ihr Freundschaft geschlossen hast. Ihren Vater habe ich bereits als Patienten kennengelernt; er ist ein prächtiger Mensch.«
Petra nickte zu allem; sie hatte ganz rote Wangen vor Eifer und Freude.
Sie wollte es allen zeigen, allen, auch Dicky Althoff! Sie war kein schlechtes Mädchen, sie war genauso gerecht und gut. Allen würde sie es beweisen.

Marianne hat eine feine Idee

Petra konnte es kaum erwarten, bis es drei Uhr wurde. Papa war wieder in die Sprechstunde gegangen, und ihre Mutter besserte Wäsche aus. Ganz still war es in der großen Wohnstube. Nur die große, alte Uhr an der Wand machte immerzu tick, tack, tick, tack. Und Petra sollte ihre Hausaufgabe erledigen.

»Mutter, geht die Uhr auch wirklich recht? Ist es nicht schon lange drei?«

»Aber Petra, du weißt, daß die Uhr immer richtig geht. Und wenn du weiterhin immer daraufsiehst, wirst du nie mit deinen Arbeiten fertig – und kommst nicht aus dem Haus.«

Petra wußte, daß ihre Mutter nicht spaßte. Erst die Arbeit – dann das Spiel, sagte sie immer zu Petra, und da half keine Ausrede.

Aber endlich setzte Petra den letzten Punkt in ihr Schreibheft. Sie seufzte tief auf und wollte das Heft rasch in der Büchertasche verschwinden lassen.

»Petra«, sagte Frau Wagener vorwurfsvoll, »was soll denn das! Du weißt genau, daß ich deine Arbeit erst sehen will.«

Petra holte das Heft wieder hervor und gab es zögernd der Mutter. Hoffentlich bemerkte diese nicht, wie sehr sie sich beeilt hatte.

»Petra! Willst du die Note in Schreiben noch einmal verschlechtern? Deine Buchstaben tanzen ja wie betrunken auf dem Papier ... und dann die vielen Patzer ... und die Fehler! Seit wann schreibt man denn ‚Gebirge' mit ie und ‚Glocke' mit K am Anfang? Petra ...«, die Mutter legte das Wäschestück beiseite und griff nach Petras Hand. »Willst du dich nicht ein bißchen mehr zusammennehmen? Ich denke, deine neuen Freundinnen sind beide fleißige, gute Schülerinnen ... wissen sie, wie faul und liederlich Petra Wagener ist?«

Frau Wagener war sehr erstaunt, als Petra plötzlich zu weinen anfing. Petra weinte nicht so leicht, nicht wie die anderen kleinen Mädchen in ihrem Alter. Sie mochte es einfach nicht, wenn Mädchen immerzu und bei jeder Kleinigkeit in Tränen ausbrachen.

»Aber Kind, was hast du denn? Ich meine es doch nur gut – und du weißt das auch.«

»Ach Mutti, ich verspreche dir auch, daß ich heute zum letztenmal eine schlampige Aufgabe gemacht habe ... ganz, ganz bestimmt und großes Ehrenwort!«

»Das ist fein, aber ...«

»Aber du darfst mich heute nicht einsperren, Mutti«, sagte Petra rasch. »Jeden Tag, Mutti, nur heute nicht ... ich komme auch ganz früh nach Hause, damit ich die Aufgabe noch einmal schreiben kann ... aber laß mich jetzt bitte, bitte fort. Billy und Dicky denken sonst, ich könnte mein Wort gleich am ersten Tag nicht halten ... und überhaupt Billy, sie wartet doch so sehr auf mich – und es ist gleich drei Uhr, Mutti!«

Frau Wagener legte das Heft auf den Tisch und sah Petra lange an, und dann lächelte sie sogar ein ganz klein wenig, aber Petra sah es sofort.

»Ich darf also weg, Mutti?«

Frau Wagener nickte. »Gut – lauf schon, ich will dir die Gelegenheit geben, deinen Freundinnen zu beweisen, daß du ein gegebenes Wort halten kannst – aber nur, wenn du auch das hältst, was du mir versprochen hast. Vertrauen gegen Vertrauen, verstehst du Petra? Um fünf Uhr bist du wieder zu Hause.«

Petra umarmte ihre Mutter, schrie noch auf der Treppe: »Ist doch klar – ich halte alles, was ich verspreche«, und war wie ein Wirbelwind verschwunden.

Die magere, schwarze Billy Bauer stand schon lange am Fenster und sah auf den Marktplatz hinunter. Petra mußte ihn überqueren, und sie würde Petra schon von weitem sehen. Aber ob Petra Wort hielt? Ob sie nicht nur freundlich war, weil es ihr gerade so in den Sinn gekommen war – oder weil es die dicke, nette Marianne so gewollt hatte?

Mit ihrer dunklen, dünnen Hand hob sie die schweren Vorhänge und starrte hinunter, bis sie die Augen schmerzten. Die Bauers wohnten in einem sehr alten, vornehmen Haus, direkt neben dem Rathaus. Die Räume waren groß und hoch, und vor den Fenstern waren riesige Blumenkästen angebracht. Die Wohnung von Herrn und Frau Bauer war sehr groß, und wie in allen alten Häusern ein wenig dunkel und auch ein wenig einsam. Das fand jedenfalls Billy. Herr und Frau Bauer, die sie, als sie noch ein ganz winziges Baby gewesen war, zu sich genommen hatten, waren gut zu ihr. Billy hatte sie sehr lieb. Aber manchmal dachte sie ernsthaft, wenn sie zwischen all den vornehmen Teppichen und Sesseln und Bildern saß – ob ihr kleines Leben nicht ein wenig lustiger gewesen wäre, wenn Herr und Frau Bauer ihre richtigen Eltern gewesen wären und wenn sie noch ein paar Geschwister gehabt hätte. Aber dann stellte sie sich vor, wie kleine Geschwister mit schmutzigen Händen und klebrigen Gesichtern zwischen all den Kostbarkeiten von Herrn und Frau Bauer gespielt hätten – und sie sagte sich, daß es so wohl am besten war.

»Billy – glaubst du immer noch, daß das Mädchen kommt?« Billy fuhr erschreckt zusammen; sie hatte Frau Bauer nicht eintreten hören. Dann stotterte sie und war schon wieder dem Weinen nah.

»Aber sie hat es versprochen, ganz fest, Mama. Sie wird kommen.«

Frau Bauer trat zu ihr, legte den Arm um die mageren Schultern und streichelte den Wuschelkopf.

»Na, vielleicht kommt sie doch ...«

»Sie kommt, sie kommt«, schrie Billy plötzlich und hüpfte vor Freude wie ein Zicklein in die Höhe. »Siehst du, Mama, das Mädchen mit dem kurzen Haarschnitt – das aussieht wie ein Junge ... das ist Petra Wagener.«

Frau Bauer lächelte Billy nach, als diese die Treppen hinunterpolterte. Wenn es doch wahr wäre, daß Billy endlich eine Freundin gefunden hätte. Billy war so ein gescheites, nettes Kind, aufrichtig und freundlich – aber niemand schien es in der kleinen Stadt zu mögen. Das war Frau Bauers großer Kummer, denn sie hatte Billy wirklich sehr lieb.

Petra wartete schon ungeduldig.

»He, wo bleibst du denn!« rief sie laut und hakte Billy unter. »Wir sind sowieso zu spät dran – Dicky wird denken, wir kommen nicht mehr ... nein, hier lang geht es, Dicky wohnt direkt neben der Kirche.«

Billy versuchte, mit Petras langen Beinen Schritt zu halten.

»Sag mal«, sagte sie endlich atemlos, »warum wollt ihr mich zur Freundin? Bis jetzt ist noch kein Mädchen auf die Idee gekommen.«

Petra sagte nicht gleich etwas, weil sie aufpassen mußte,

daß sie gut über die Straße kamen. Billy stolperte nämlich wie ein Schussel neben ihr her.

»Weißt du«, sagte da Billy, »ich bin nämlich schwarz – nicht so wie ihr alle ...«

»Ach«, sagte Petra, »was du nicht sagst, das hätte ich gar nicht von selbst bemerkt.«

Billy ließ den Kopf hängen.

»Warum verspottest du mich?«

»Ich verspotte dich nicht«, sagte Petra energisch, »und nun Schluß damit. Dicky und ich mögen dich eben – meinetwegen kannst du grün oder lila sein ... kann ich vielleicht etwas dafür, daß ich weiß bin?«

Billys Mündchen blieb ein wenig offen. Wie Petra mit einemmal reden konnte! Wie – wie die großen Leute, ja!

»Heißt du eigentlich wirklich Billy?«

»Nein, nein, ich heiße Wilhelmine – häßlich, nicht wahr?«

Petra hob die Schultern. »Weiß nicht ... so häßlich ist der Name gar nicht, nur lang und ein wenig altmodisch.«

»Und die Kinder haben immer ›Billy‹ hinter mir hergerufen, aber Mama wurde gar nicht böse. Sie sagte: Eigentlich haben sie recht. Wilhelmine ist ein Name für alte Tanten – wir nennen dich auch Billy.«

»Die ist aber in Ordnung, was?«

»Wer?«

»Na, deine Mama.«

»Klar.«

»Du, wir sind da – siehst du Dicky? Sie wartet schon!«

Billy sah sich um, aber sie sah weit und breit keine Dicky. Vor ihnen lag wohl das alte Pfarrhaus, aber es lag hinter einer hohen, grauen Mauer, und in der Mauer war ein fest geschlossenes schwarzes Tor mit großen Rostflecken.

»Wo denn – wo ist Marianne?«

Petra lachte und deutete nach oben, in die Höhe. Billy sah auch in die Luft, und da saß wahrhaftig Marianne auf der hohen Mauer, lachte und baumelte mit ihren pummeligen Beinen.

»Braucht ihr lang, Kinder ... ich bin schon ganz steif vom

Sitzen hier oben ... wartet, ich mache auf!«

Und dann verschwanden Mariannes Beine, und Billy und Petra starrten sich ganz entsetzt an. Ob Marianne in ihrer ganzen Dicke wohl von der hohen Mauer springen würde ... ?

Plumps tat es auf der anderen Seite der Mauer, und dann rüttelte jemand an dem alten Tor, daß es knirschte und quietschte, und dann tat es sich langsam auf, und Marianne stand strahlend und – wie hätte es anders sein können – kauend vor ihnen. Sie hielt ein riesiges Butterbrot in der Hand.

»Fein, daß ihr da seid – kommt schon herein.«

Die beiden traten ein und konnten vor Staunen gar nichts sagen. Das alte, einstöckige Pfarrhaus, das man von der Straße kaum sah, lag in einem kleinen Paradies, das die häßliche Mauer allen Leuten draußen verbarg.

Es war kein eigentlicher Garten, was die beiden erblickten. Es war wie eine Wildnis, aber eine Wildnis aus Obstbäumen und Beerensträuchern, Rosen und tausend Blumen und Büschen.

»Mensch«, entfuhr es Petra, »du lebst vielleicht toll, was? Und ich dachte schon, unser kleines Hintergärtchen mit dem Kirschbaum sei etwas Besonderes – und gerade eben habe ich die vornehmen Blumen an Billys Haus bewundert – aber das da? Du bist sehr froh, nicht wahr? Froh, hier zu sein ... «

Dicky nickte; sie hatte gerade den Mund voll.

Dann sahen die beiden auch die Leiter, die an die Mauer gelehnt war. Und sie mußten lachen, weil sie sich hatten täuschen lassen. Die dicke Marianne war also seelenruhig hinaufgeklettert, und sie beide hatten schon geglaubt, Marianne sei eine kleine Künstlerin.

»Erst kommt ihr ins Haus«, befahl Marianne. »Meine Mutter möchte wissen, mit wem ich mich angefreundet habe. Kommt schon – sie frißt euch nicht!«

Petra und Billy folgten Marianne ein wenig ängstlich durch den Garten. Ob Frau Althoff sie nicht gleich wieder hinauswerfen würde?

Aber Frau Althoff stand in der großen Stube vor einem großen Tisch, und darauf lagen zwei splitternackte, kleine Babys, und Frau Althoff puderte ihnen gerade die kleinen Hinterseiten.

»Kommt nur herein, Kinder, und macht die Türe zu. Hier zieht es aus allen Ecken. Wir hatten noch nie ein Pfarrhaus, wo es so zog! Bist du nicht die kleine Billy Bauer?«

Billy knickste artig, gab die Hand und sagte schüchtern ja. Frau Althoff lächelte ihr zu.

»Fein – du bist sicher ein nettes, gut erzogenes Mädchen, das sieht man sofort; ich möchte, daß ihr gute Freunde werdet.«

»Sind das niedliche Babys«, sagte Billy stockend, und Frau Althoff erlaubte ihr, die kleinen Händchen anzufassen.

»Und du bist Peter ... ich meine Petra Wagener, die Tochter unseres zukünftigen Familienzahnarztes. Dein Vater wird an uns eine gute Kundschaft haben«, sagte sie lachend. »Wir essen alle viel zu gerne süße Sachen, nicht wahr, Marianne?«

Marianne lachte ihrer Mutter zu, und die beiden wurden ein kleines bißchen neidisch auf Marianne. Hatte die es gut! Gleich zwei kleine Baby-Geschwister und so ein Zuhause!

Das Zuhause war nämlich ein wenig sonderbar. Petra hatte ja keine Geschwister, und ihre Mutter hatte auch eine Zugehfrau, und so war es meist sehr aufgeräumt und blitzend sauber im ganzen Haus. Und bei Billy zu Hause war sowieso alles wie geleckt, was ja kein Wunder war.

Mariannes Zuhause war gewiß nicht schmutzig, aber es sah lustig aus. Hier lag ein Haufen Babywäsche, dort standen die aufgedeckten Babykörbchen, in den Ecken lagen Gummitiere, Bälle und Holzbauklötzchen. Auf dem Büfett standen zwei Babyflaschen, eine Babywaage und ein ganzer Stoß frischgebügelter Windeln.

»Ja«, sagte Mariannes Mutter, »bei euch ist sicher besser aufgeräumt, aber die beiden kleinen Schreihälse halten mich ständig in Trab ... ist der eine satt, plärrt der andere vor Hunger ... habe ich den einen frisch gewickelt, ist der andere naß ... wenn ich Marianne nicht hätte, die mir hin und wieder tüchtig zur Hand geht ... ich wüßte wirklich nicht, was ich täte.«

Und sie gab im Vorbeigehen Marianne schnell einen schallenden Kuß.

»Ich wollte«, stotterte die schwarze Billy, »ich wollte, ich hätte zwei solche niedliche Babys zu Hause. Es ist so lustig bei Ihnen ...«

»Nun habt ihr aber genug herumgestanden und gestarrt«, sagte Mariannes Mutter, »hinaus mit euch, an die frische Luft! Aber eßt nicht zu viel von den Beeren, sie sind noch nicht ganz reif – und was Mariannes Magen verträgt, ist nicht für jeden. Manchmal glaube ich, sie würde sogar Reißnägel verdauen.«

Sie gab den dreien ein dickes Brot, von dem die süße Marmelade tropfte, und schubste sie sanft in den Garten.

»Du«, sagte draußen Petra begeistert, »deine Mutter ist fabelhaft.« Und Billy stimmte sofort zu.

Ein langer Junge kam auf die Mädchen zu, ein dickes Buch in der Hand. Petra und Billy starrten ihn an. Er sah so abwesend aus und murmelte vor sich hin.

»... orare, laborare ...«

Und ging an den Mädchen vorbei, ohne sie auch nur angesehen zu haben.

»Du«, flüsterte Petra Marianne zu, »was ist denn mit dem los?«

Marianne biß herzhaft von ihrem Marmeladebrot und tippte sich an die Stirn.

»Mein Bruder ... seit kurzem lernt er Latein auf dem Gymnasium ... er spinnt ein wenig, wenn er merkt, daß ihn jemand beobachtet. Papa meint, das gibt sich wieder, sei nur so'ne Art von lateinischem Vogel. Also Papa meint, in einem halben Jahr hat er das Getue satt – auch das Latein. Ihr müßt ihn gar nicht ansehen, dann hört er auf zu spinnen ...«

Die drei kicherten hinter dem jungen Herrn Lateiner her und folgten dann dem kleinen Pfad, der sie immer weiter in die blühende Wildnis führte.

»So«, sagte Marianne, »jetzt sind wir gleich da, ich zeige euch mein Geheimversteck. Ab heute ist es auch das eure –

wir haben jetzt ja einen Geheimbund.«

Petra und Billy staunten, als hinter den Sträuchern und Büschen plötzlich ein altes, schon halbzerfallenes Holzgebäude hervorlugte.

»War vielleicht mal 'ne Scheune«, sagte Marianne, »muß schon sehr alt sein. Drinnen ist auch noch Stroh und Heu und Holz... Mutter sagt, wir dürften nun Kaninchen haben, weil Platz genug da ist... kommt herein, es passiert euch nichts.«

Recht geheuer war es Billy und Petra nicht, als sie durch die windschiefe Tür eintraten. Holz war gestapelt, Spinnen hatten ihre Netze in vielen, vielen Jahren in allen Ecken gespannt, Staub tanzte in der Sonne, und Petra mußte kräftig niesen. Es raschelte neben ihnen im Stroh, daß sie sich vor Schreck an den Händen faßten, aber Marianne lachte nur.

»Angstliesen, das sind doch nur Mäuse – oder eine Ratte. Mieze erwischt sie schon – Mieze hat hier viel Arbeit, und wenn sie erst noch Junge hat, ist es um das Mäusepack geschehen.«

»Ist Mieze deine Katze?« fragte Billy, und ihre schwarzen Kulleraugen begannen zu leuchten.

»Ja – aber sie ist nicht da, wird streunen. Sie ist rabenschwarz mit einem einzigen weißen Fleck unter dem Kinn.«

»Läßt sie sich anfassen?«

Marianne nickte. »Klar – ich hab' sie sogar dressiert. Sie springt über einen Stock und fängt einen Ball, fast wie ein Hund. Mögt ihr Katzen?«

Die beiden sagten ja, und Marianne dachte nach.

»Wollt ihr eine? Wenn Mieze Junge hat, muß ich sie sowieso bis auf eines weggeben – und wenn ich keine Plätzchen für die Jungen finde, dann müssen sie zum Tierarzt, der bringt sie dann um, ohne daß sie was spüren.«

Petra und Billy sagten wie aus einem Mund:

»Wie schrecklich! Wir nehmen eine Katze – jeder von uns!« Und Billy sagte noch: »Und die anderen verschenken wir... wir fragen alle Leute in der Stadt. Ja?«

»Feine Idee«, gab Marianne zu, »aber ihr müßt erst eure Eltern fragen. Nicht alle Leute mögen Katzen in der Wohnung ... und es dauert schon ein paar Wochen, bis sie ganz sauber sind, die kleinen Miezen ...«

Marianne zeigte ihnen dann ihr Versteck. Sie mußten über eine wackelige Leiter nach oben steigen, auf den Boden. Hier lag alles voll Heu, und es roch nach getrockneter Sonne – sagte Billy, und Billy sagte eben manchmal solche Dinge.

»Setzt euch«, befahl Marianne. »Unser Bund ist also geschlossen. Wir sind nun Freundinnen für immer – bis wir alt und grau und tot sind.« Marianne sagte es ganz dumpf, und Petras Herz klopfte ein wenig.

»Wer unseren Bund bricht«, sagte Marianne, »oder streitsüchtig und garstig ist, wird ...« Sie sah Petra und Billy hilfesuchend an. »Was wird denn mit dem?«

»Der wird verhauen«, sagte Petra zufrieden, »ordentlich verdroschen ...«

»Meinst du wirklich?«

Aber Billy schüttelte den Kopf.

»N-nein ... wir sind doch keine Lausejungen, nicht wahr?«

»Dann wird er ausgestoßen aus dem Bund«, krähte Marianne, »und wir sehen ihn nie wieder. Ist das besser?«

Sie fanden das alle drei sehr gut. Eine Weile lagen sie im Heu und erzählten sich Geschichten. Besonders Billy konnte wundervolle Geschichten erzählen; Märchen, die Petra und Marianne noch nie gehört hatten. Manchmal klangen sie fast so, als hätte Billy sie selbst erfunden.

Dann wurde Marianne traurig.

»Kinder, ist das schön, wenn man so prima Freundinnen hat. Nur schade, daß wir nun eine lange Pause mit unserem Bund machen müssen. In der nächsten Woche beginnen die langen Sommerferien!«

Daran hatten die beiden anderen gar nicht mehr gedacht.

»Wohin fährst du denn?« fragte Petra Marianne.

»Ich bleibe da«, sagte Marianne und legte sich ins Heu zurück. »Wißt ihr, so ein Umzug kostet schrecklich viel Geld, und wenn Papa mit Mama, meinem Bruder und mir verreisen will, muß er vorher die Zwillinge in ein gutes Kinderheim tun, weil wir keine Verwandten haben. Das will Mama aber nicht – außerdem ist das sehr teuer. Also bleiben wir zu Hause, bis die Zwillinge so groß sind, daß wir sie mitnehmen können. Macht nichts, ich bleibe gern hier ... der Garten ist schön ... man kann spielen und nachdenken; manchmal denke ich ganz lang über alles nach, das macht Spaß. Und dann bekommt Mieze ihre Jungen, und für eine Weile darf ich sie ja alle hierbehalten ... und Papa bringt am Wochenende junge Kaninchen mit ... «

»Du«, platzte Petra heraus und man sah ihr an, daß sie nur mit Mühe so lange geschwiegen hatte. »Das ist ja prima! Wir fahren heuer nämlich auch nicht weg! In den Osterferien war ich mit den Eltern zwei Wochen in der Schweiz. Papa fährt immer sehr früh in die Ferien, weil es da noch nicht so viele Menschen überall gibt ... wir bleiben zu Hause ... für ein paar Tage darf ich mit Mama zu ihrer Freundin nach München fahren – aber das ist gerade nur ein Wochenende.«

Marianne umarmte Petra begeistert. »Du, das ist prima! Wir treffen uns jeden Tag ... das heißt, wenn ich Mama genug geholfen habe ... wir können im Garten spielen, auf Bäume klettern, vor die Stadt gehen, an den Fluß zum Baden ... wenn Hans, mein Bruder, dabei ist, dürfen wir bestimmt ... und die kleinen Katzen sind da ...«

Sie sahen plötzlich erschrocken Billy an. Die schwarze Freundin saß da und sah aus, als würde sie bald weinen.

»Billy, was ist denn mit dir los!«

»Wenn ich nur auch hierbleiben könnte ... aber sie schikken mich wie in jedem Jahr zu Tante Rosalie nach Köln. Tante Rosalie ist ja ganz nett, aber sie sagt nicht viel. Und sie hat einen uralten, fetten Dackel, der es gar nicht mag, wenn ich ihn streichle ... ich glaube, er haßt kleine Mädchen ... und ... und überhaupt ...«

»Aber warum schicken sie dich dann nach Köln, wenn du nicht magst und dich nur langweilst bei dieser Tante?«

»Papa muß immer um diese Zeit seine Kur machen; er ist nicht ganz gesund, wißt ihr? Und Mama begleitet ihn dann immer. Und sie sagen, der Badeort ist nichts für mich, ich hätte keine Freude daran – als ob ich bei Tante Rosalie mehr Freude hätte.«

»Hm«, sagte Petra und nickte bedächtig, »das ist freilich schlimm ... und da kann man gar nichts machen. Schließlich können dich deine Eltern nicht hier allein lassen.«

»Sicher nicht, Petra.«

Sie schwiegen eine ganze Weile. Marianne kaute an einem Heuhalm, obwohl sie wußte, daß man das nicht tat. Sie fand aber, wenn sie etwas zum Kauen hatte, kamen ihr immer die besten Ideen.

»Ich hab's«, schrie sie plötzlich und fuhr in die Höhe, als habe sie eine Wespe gestochen. »Ich hab's, ich hab's ... wie dumm, daß ich nicht schon lange darauf gekommen bin.«

»Was hast du denn?« fragte Billy verwundert.

»Na, alles gelöst! Du bleibst einfach da – hier, bei mir, bei meinen Eltern! Das werden deine Eltern sicher erlauben – und meine sagen bestimmt ja dazu, das weiß ich.«

»Aber Marianne, das geht doch nicht ...«

»Natürlich geht es! Ihr seid schön still, alle beide«, sagte Marianne schlau. »Sagt noch nichts zu Hause – es soll unser Geheimnis vorerst bleiben. Ich rede heute abend mit Papa – Papa sagt nie nein, wenn es keine Dummheit ist – und das ist bestimmt keine. Hat Papa ja gesagt, so sagt er es Mama, und Mama lacht immer, wenn Papa ihr sagt, was ich von ihm verlangt habe. Dann schicken wir meinen Vater zu deinen Eltern ...«

»Glaubst du wirklich?« Billy zweifelte, daß das alles so gut ginge, aber Mariannes helle Augen funkelten nur so vor Begeisterung.

»Mein Vater ist Pfarrer ... eine Respekts ... na ja, eine tolle Person eben in der Stadt, oder nicht? Die Leute ziehen den Hut vor ihm, und er klopft ihnen auf die Schulter. Deine Eltern werden bestimmt ja sagen ... er wird ihnen sagen, daß du bei uns wohnen kannst, solange sie weg sind, daß du Tante Rosalie nicht ausstehen kannst – und daß Mama auf dich aufpassen wird wie auf – wie auf unsere Zwillinge. Und Petras Eltern werden bestimmt auch gern sagen, daß sie dich einmal einladen werden ... nur so, weißt du? Damit deine Eltern wissen, daß auch Petras Eltern ein wenig auf dich aufpassen werden ... ist das nichts?«

Billy und Petra waren platt vor Bewunderung. Auf was Marianne alles kam? Aber die Idee war gut – und die schwarze Billy hatte fast ein wenig Hoffnung, daß sich Mariannes Plan erfüllen würde.

»Schickst du wirklich deinen Papa zu meinen Eltern?«

»Klar, Ehrenwort«, sagte Marianne. »Du wirst sehen, daß alles gut wird und du nicht zu Tante Rosalie und dem alten fetten Dackel reisen mußt.«

Die Uhr der hohen Kirche schlug dreimal. Petra hörte dem lauten Klang nach, dann erschrak sie fürchterlich.

»O jemineh – wieviel Uhr ist es denn?« fragte sie entsetzt Marianne.

Marianne trat an die Dachluke, beugte sich hinaus.

»Viertel vor fünf!«

Petra seufzte erleichtert auf.

»Gottseidank – ich dachte überhaupt nicht mehr an die Zeit – und ich habe Mutti mein Ehrenwort gegeben, daß ich punkt fünf zu Hause bin ...«

Billy sagte: »Ehrenwörter muß man halten«, und Marianne sagte: »Ist doch klar.«

Als die drei sich trennten, war jede von ihnen froh und nachdenklich. Und alle drei hofften sehnlichst, daß Mariannes Plan verwirklicht würde.

Hurra, die Ferien sind da!

An diesem Abend waren unsere drei kleinen Freundinnen sehr artige und stille Kinder. Sie waren so artig und still, daß es ihren Eltern auffiel.

Frau Bauer blickte während des Abendessens immer wieder besorgt ihren Mann an. Dem war es auch schon aufgefallen, daß Billy heute besonders ruhig war, und Appetit hatte sie auch keinen. Billy war ja immer brav und sittsam, aber irgend etwas schien mit ihr heute nicht in Ordnung zu sein.

»Billy, iß doch endlich«, mahnte Frau Bauer liebevoll. »Du hast noch keinen Bissen hinuntergebracht – ist etwas geschehen? Gab es etwa Streit mit deinen neuen Freundinnen?«

Billys Gesichtchen wurde noch dunkler.

»O nein – wir haben fein zusammen gespielt. Wirklich, Mama, Marianne und Petra sind feine Freundinnen, so etwas darfst du nicht denken.«

»Dann iß gefälligst«, sagte nun Herr Bauer und sah Billy streng über seine Brille hinweg an. Billys Papa sah immer ein wenig streng aus; streng und sehr würdevoll. Er war ein kleiner, runder Mann, den man selten lachen sah. Nur Billy wußte, daß er auch richtig herzlich lachen konnte.

Billy wollte ja gern folgsam sein, und so schob sie wieder einen Bissen in den Mund – aber es schmeckte ihr heute gar nicht! Immerzu mußte sie an Marianne und Petra denken. An den schönen Nachmittag in dem alten Holzschuppen, und an ihr wichtiges Gespräch. Ob Marianne wirklich einen so guten Vater hatte? Einen, der alles verstand? Der hierher kommen würde, um mit ihren Eltern über die Ferien zu sprechen? Ihr wurde ganz heiß bei dem Gedanken, und ihre dunklen Augen sahen rasch zur Mutter und zum Vater.

Sie hatte die beiden sehr lieb; sie wünschte sich keine anderen Eltern – und wenn sie irgendwann einmal so etwas gedacht hatte und undankbar war, so sollte sie der liebe Gott nur bitte, bitte, nicht dafür bestrafen!

»Also Billy, so geht das nicht weiter!« Frau Bauer nahm Billys Hand in die ihre und sah dem Mädchen in die Augen. »Tut dir etwas weh? Du bist in Gedanken weit fort, nicht wahr? Woran denkst du denn immerzu – willst du etwa krank werden, wo die Ferien vor der Tür stehen?«

»Steck das Kind ins Bett«, brummte Herr Bauer, aber er meinte es nicht böse; er sah ganz besorgt aus. »Steck sie ins Bett und gib ihr ein Glas heiße Honigmilch ... und morgen in der Frühe holst du gleich den Arzt!«

»Aber ich bin nicht krank – ich bin kerngesund«, sagte Billy und war fast den Tränen nah. »Es ist auch nur ... ich mag nicht wieder zu Tante Rosalie nach Köln ... ich mag es nicht, nein!«

Herr und Frau Bauer sahen sich sprachlos an.

»Aber Billy«, sagte endlich Frau Bauer ganz ratlos, »du hast doch nie gesagt, daß du Tante Rosalie nicht magst! Wir dachten immer, du seist gern bei ihr ... wo Köln doch eine so schöne Stadt ist ...«

»Ja, ja«, sagte Billy ganz aufgeregt, »und der Rhein fließt durch, und der Dom steht da, und ich muß den alten, fetten Dackel spazieren führen, der mich immer gleich zwickt, wenn ich ihn streicheln will ... und Tante Rosalie kocht jeden Tag Milchbrei, weil das so gesund ist ... als ob ich ein Baby wäre ... und ... und ... und geregnet hat es auch immerzu ...«

Billy hatte es fast geschrien, und nun brach sie ab und war sehr erschrocken. Ihre Eltern sagten gar nichts. Herr Bauer sah sie nur an, und seine Augen hinter der Brille waren nicht mehr streng, nur traurig. Und ihre Mutter saß da und sah auf ihren Teller, und dann stand sie auf und fing an, das Geschirr hinauszutragen, obwohl sie kaum etwas gegessen hatte.

»Und du sagtest immer, es hätte dir gefallen ...«

Da ging Billy erst zu ihrem Vater und dann zur Mutter. Sie umarmte sie und flüsterte:

»Es war gar nicht so gemeint – nicht böse sein, bitte, bitte ... ich sag so etwas Häßliches auch nie wieder ... Tante Rosalie ist gar nicht so schlimm ...«

In diesem Augenblick läutete es an der Wohnungstür. Herr und Frau Bauer waren keine späten Besuche gewöhnt und sahen sich fragend an.

»Nanu? Wer kommt denn um diese Zeit noch?«

Billys Herz klopfte, als wollte es zerspringen. Wenn das nun ... wenn das nun der Herr Pfarrer wäre ... ?

»Ich geh schnell und sehe nach«, rief sie, aber Frau Bauer hielt sie zurück.

»Du kommst mit mir – ich bringe dich zu Bett, Kind. Du

bist heute ja ganz durcheinander. Vater sieht schon nach, wer draußen ist.«

Und da mußte Billy gehorchen, wenn es auch schwer fiel. Ihre Mutter ging nicht eher von ihrer Seite, bis sie sich gewaschen hatte und in ihrem Bett lag, in dem hübschen weißen Zimmer, das ihr gehörte.

»Sagst du mir, wer gekommen ist, Mama?«

»Ja, ja«, sagte Frau Bauer abwesend und horchte auf das Stimmengemurmel draußen im Flur. »Schlaf du nun schön – und steh nur nicht wieder auf ... und vergiß nicht zu beten.« Sie gab Billy einen Kuß und ging hinaus. Die Tür schloß sie fest hinter sich zu.

Billy horchte, aber sie konnte die Stimmen, die nun im Wohnzimmer waren, nicht unterscheiden. Einmal klang es so, als würden sie lauter werden – wie, wenn man sich streitet – dann wurden sie wieder leiser. Dann war es ihr, als hätte sie Lachen gehört. Das helle Lachen ihrer Mutter und den Baß ihres Vaters und noch ein anderes, fremdes Lachen.

»Lieber Gott, mach, daß es Mariannes Vater ist – und daß Vater und Mutter ja sagen ... und daß Marianne und Petra mich immer liebhaben ...« Billy war schon sehr müde, sie brachte die Augen kaum mehr auf, aber dann flüsterte sie noch, wie jeden Abend: »Und, lieber Gott, vielleicht könntest du mich doch noch weiß machen ... nur für einen einzigen Tag, lieber Gott, damit ich sehe, wie es ist, wenn man weiß ist. Dann bleibe ich gern wieder schwarz, lieber Gott ...«

Bei Doktor Wagener läutete noch spät am Abend das Telefon. Doktor Wagener ging selbst an den Apparat.

Er hörte eine Weile hinein, dann sagte er endlich:

»Ich verstehe kein Wort – können Sie nicht langsamer sprechen? Wen möchten Sie, daß ich an den Apparat hole?«

Zur Antwort bekam er ein Kichern, das nicht mehr aufhören wollte, dann verstand er endlich die Stimme.

»Ich bin's doch, Herr Doktor, Marianne Althoff – kann ich bitte Petra sprechen?« »Ach so ... mein Fräulein Tochter wird verlangt, entschuldigen Sie, meine Gnädigste...«

Marianne kicherte wieder. Petras Vater war aber lustig! Dann hörte sie ihn rufen:

»Mutter, sieh doch einmal nach, ob Petra schon schläft, das gnädige Fräulein wird am Telefon verlangt ... muß eine schrecklich wichtige Sache sein...«

Und dann kam Petras frische Stimme.

»He, Dicky, was ist denn nun geschehen?«

»Es hat geklappt«, brüllte Marianne, »es hat geklappt! Zuerst war Mutter dagegen – wegen der Verantwortung, weißt du? Sie meinte, sie hätte genug Kinder, auf die sie aufpassen müßte, aber Papa hat gesagt, wo vieren nichts passiert, kann auch ein fünftes Kind noch herumtoben ... und da hat sie ja gesagt. ... und jetzt ist Papa bei den Bauers und regelt alles.«

Petra hörte genau zu, aber sie konnte Mariannes Freude nicht teilen.

»Und wenn Billys Eltern nein sagen? Frau Bauer ist eine so vornehme, stille Dame ... sie wird Angst um Billy haben ... und erst Herr Bauer! Herrjeh, ich glaube, der hat in seinem ganzen Leben noch nie gelacht – meinst du wirklich, daß er Billy bei uns läßt?«

»Klar«, schrie Marianne.

»Schrei doch nicht so. Bis morgen dann, ich halte den Daumen.«

Petra legte den Hörer auf und sah ihre Eltern an.

»Ich glaube noch nicht, daß das gut geht«, sagte sie kopfschüttelnd. »Wenn ich an Herrn Bauer denke ...«

Sie wollte das Zimmer verlassen, aber ihr Vater erwischte sie an einem Zipfel ihres Nachthemdes.

»Wie wäre es denn, Petra, wenn du deiner Mutter und mir mal erzählen würdest, was das alles soll! Was habt ihr Gören mit Herrn Notar Bauer zu schaffen?«

Petras Augen wurden groß vor Erstaunen.

»Herrjeh ... hab ich euch noch gar nichts von unserem Ferienplan erzählt?«

Ihr Vater schüttelte stumm den Kopf, und Petra wurde es ein wenig ungemütlich zumute.

»Na, denn muß ich wohl...«

Und nun beichtete sie den ganzen Plan. Ihre Eltern unterbrachen sie mit keinem Wort. Petra hatte sich ganz in Aufregung geredet, als sie endlich alles berichtet hatte.

»Ihr... ihr werdet doch zu uns halten, nicht wahr? Ach bitte, Vati, bitte, Mutti... wenn Billys Eltern zu euch kommen, so sagt ihr doch, daß ihr zusammen mit Herrn und Frau Althoff auf Billy aufpassen werdet... ja?«

Aber ihre Eltern sagten lange kein Wort.

»Vati...«

»Ja, ich weiß nicht recht... ihr habt aber auch Ideen! Stell dir vor, Billy geschieht irgend etwas während der Ferien. Wer, denkst du, trägt wohl die Verantwortung?« Doch da sagte Petras Mutter plötzlich:

»Laß mal gut sein, Vati, wenn die Bauers wirklich zusagen, so werden wir diese Ferien schon herumbringen, denke ich. Ich spreche mich mit Frau Althoff aus – sie ist eine tüchtige, prachtvolle Frau. Wenn sie gern diese Verantwortung auf sich nimmt, so will ich nicht nein sagen, Billy ist ein ruhiges, anständiges Mädchen; sie wird sehr brav sein.«

»Wenn du meinst, Mutter?«

Da gab Petra rasch beiden einen Kuß und ging zu Bett. Sie dachte, es sei besser, wenn sie die beiden nun allein ließe. Aber sie war sehr glücklich.

Auch im Pfarrhaus war an diesem späten Abend alles voller Unruhe. Marianne konnte nicht einschlafen, solange ihr Vater nicht wieder zu Hause war.

»Du, Hans«, flüsterte sie in das dunkle Zimmer hinein, »denkst du, daß alles klappen wird? Daß sie ja sagen?«

»Halt endlich den Mund«, sagte ihr Bruder, »ich will schlafen... und euer kindischer Kram interessiert mich überhaupt nicht, verstehst du?«

»Eingebildeter Esel«, zischte Marianne zu dem Bett an der anderen Wand hinüber.

»Du... dir werd' ich gleich...«

»Ich schreie Mama..«
»Gans.«

Eine Weile war es still. Hans und Marianne mochten sich im Grunde sehr gern. Weder der »Esel« noch die »Gans« hatten etwas zu besagen. Das war eben einmal so, wenn man einen älteren Bruder hatte.

»Hans«, begann Marianne wieder, »warum bleibt Vater nur so lange weg...«

»Bist du endlich still? Ich habe morgen eine Lateinarbeit, ich brauche meinen Schlaf.«

»Ach Hans...«

»Und außerdem ist es mir ganz gleich, ob ja oder nein gesagt wird. Was hab ich denn davon? Ich werde hier nur ausquartiert, wenn die kleine Schwarze hier einzieht. Für mich ist ja die Bodenkammer gut genug.«

»Ach, stell dich nicht so an! Du wolltest die Kammer doch schon lange haben, weil du dann immer absperren kannst und weil du dann noch eingebildeter herumlaufen kannst...«

»Psst«, flüsterte da Hans, »hörst du nichts?«

Sie lauschten beide; da wurde ein Schlüssel im Schloß gedreht, dann kreischte die alte Tür.

»Vati ist zurück!«

»Schrei nicht so – wenn Mutter merkt, daß du noch nicht schläfst, gibt es Krach!«

Aber Marianne hörte nicht mehr auf Hans. Sie sprang aus dem Bett und huschte im Nachthemd und mit nackten Füßen über die dunkle Treppe hinunter.

»Vati, Vati... wo warst du nur so lange! Haben sie ja gesagt? So sprich doch etwas...«

Pfarrer Althoff stand seiner kleinen Tochter im Dunkeln gegenüber. Er lächelte, aber Marianne konnte es nicht sehen.

»Vati, bitte...«

»Komm«, flüsterte ihr Vater wie ein Verschwörer, »komm mit herein, Marianne, aber sei leise, sonst weckst du Mama und die Zwillinge.«

Marianne folgte ihrem Vater ins Wohnzimmer. Als er das Licht ankipste, sah sie ihn ängstlich an.

»Vati...«

»Tja, das ist so eine Sache, weißt du? Schließlich sind wir für die Bauers wildfremde Leute, nicht wahr? Glaubst du, Mama würde dich zu fremden Leuten lassen?«

Marianne ließ den Kopf hängen. »Ach... der alte Bauer hat also nein gesagt.«

»Du, das möchte ich nicht wieder hören, Dicke, ja? Das ist für dich Herr Bauer... er ist ein sehr gescheiter und vernünftiger Mann.«

»Aber ein Ekel ist er doch... er hat nein gesagt, nicht wahr?«

»Ja«, sagte ihr Vater und sah sie nicht an dabei.

Marianne schluchzte.

»Das heißt«, fuhr ihr Vater fort, »zuerst sagte er nein.«

Marianne hörte schlagartig auf zu schluchzen.

»Zuerst, Vati? Und dann...?«

»Dann sagte er: vielleicht – man muß es überdenken.«

»Ach... wenn Erwachsene sagen vielleicht und so, dann ist es meistens nein.«

»Aber dann... dann hat er mit mir ein Glas Wein getrunken, und wir haben von unserer Studienzeit gesprochen. Wir haben viele gemeinsame Bekannte, stellte sich heraus... und da sagte er dann endlich ja.«

»Vati!«

Marianne schrie vor Freude so laut auf, daß ihr der Vater erschrocken die Hand auf den Mund legte.

»Wenn du nicht leise bist, gehst du augenblicklich ins Bett.«

»O Vati, ich freu mich ja so sehr... wann darf sie kommen?«

»Übermorgen, wenn die Ferien beginnen... für drei Wochen, dann kommt Frau Bauer zurück.«

Marianne strahlte nur so vor Glück und umarmte ihren Vater.

»Vati – du bist der beste Vati auf der Welt!«

»So? Na, dann beweise mal in den nächsten drei Wochen, daß du mich lieb hast – sei artig, tu nichts, was die Bauers ärgern könnte, Kleines, ja, versprichst du das? Stell dir vor, ich habe ihnen versprochen, daß meine Tochter ein halber Engel ist. Sie streitet nie, sagte ich, sie ist nachgiebig, gutmütig, fleißig. Wenn es sich nun herausstellt, daß du in allem das Gegenteil bist, wie stehe ich dann da? Und die kleine Billy ist ein so sanftes Kind, Marianne... ich möchte nicht, daß sie in diesen drei Wochen zu einem Wildfang wird.«

Marianne seufzte und schielte zum Schrank, wo Mutter Bonbons und Pralinen aufgehoben hatte.

»Hast du ihnen auch gesagt, daß ich verfressen bin, Vati?«

»Marianne – verfressen sind Tiere, ein Mensch ißt vielleicht manchmal etwas zu viel...«

»Ach nein, meist bin ich schon verfressen, Vati...«

»Na, wenn du selbst der Meinung bist, dann fang doch an, dich ein bißchen zu beherrschen. Iß doch nur, wenn du hungrig bist – meinst du, das ginge nicht?«

»Ich weiß nicht, Vati... wo es mir doch immer schmeckt.«

»Und hin und wieder sollten wir auf etwas verzichten, Marianne... wie wäre es, wenn du jetzt gleich anfangen würdest? Du ißt jetzt keine Praline mehr – und es ist ein Anfang.«

Marianne nickte, schluckte und ging zur Tür.

»Wenn du wirklich meinst? Aber ich weiß nicht, wozu das gut sein soll. Die Pralines sind da, damit sie gegessen werden – mir schmecken sie. Warum soll ich da verzichten?«

»Dann tu's irgendwem zuliebe... deiner Mutter vielleicht.«

Marianne nickte, aber dann kam sie rasch zurück und gab ihrem Vater einen herzhaften Kuß.

»Für Mutti verzichte ich morgen – heute bist du dran. Und danke schön... vielen, vielen Dank, Vati... du warst ganz prima.«

Endlich war es soweit. Die Ferien waren da! Der Unterricht wäre heute fast ein Vergnügen gewesen wenn, ja, wenn es nicht die Zeugnisse gegeben hätte.

Als die schwarze Billy vom Lehrerpult zurückkam, das

Zeugnis in der Hand, strahlte sie wie ein Weihnachtsengel. Das stellte Petra fest.

»Laß doch mal sehen, Billy!«

Billy zögerte ein wenig, aber dann gab sie der Freundin doch das wichtige weiße Blatt.

»Eins, eins, eins«, murmelte Petra vor sich hin. »Und ein Lobenswert in Fleiß und Betragen. Wie machst du das bloß...«

»Petra Wagener«, rief die Lehrerin, und Petra erschrak und ging ganz langsam zum Pult.

»Na, Petra«, sagte die Lehrerin freundlich, »was machst du denn für ein Gesicht? So schlimm ist es ja gar nicht, sieh nur mal nach ... und wenn du dich im neuen Schuljahr zusammennimmst, dann klappt es schon.«

Petra dankte, nahm ihr Zeugnis und ging zu ihrem Platz zurück. Nur nicht wieder eine Drei – oder gar eine Vier im Rechnen! Sonst war alles aus! Vati hatte es immer gesagt. Dann würde man sie irgendwann in ein Internat schicken.

Marianne nahm Petras Hand.

»Sei kein Feigling«, flüsterte sie. »Sieh doch nach! Den Kopf kann dir keiner abreißen.«

»Du hast leicht reden – du mit deinen sieben ›Gut‹.«

Aber dann faßte sie sich doch ein Herz – und atmete auf. Die Drei in Schrift war geblieben – ein Lob würde es dafür kaum geben, aber im Rechnen hatte sie endlich die ersehnte Zwei. Und da stand wahrhaftig zu lesen:

»Petra hat sich bemüht, ordentliche Arbeiten zu liefern. Nur so weiter!«

Petra wurde ganz warm vor Stolz. Vatis Gesicht wollte sie sehen, wenn er diesen Satz las. Nun konnte er nicht mehr sagen, daß seine Petra der größte Faulpelz der ganzen Stadt sei. Was war es doch für ein schönes Leben! Ein besseres Zeugnis, Ferienbeginn, Billy durfte bei Marianne wohnen und und ...

»Ich bin so froh«, sagte Petra zu Marianne. »Meine Mutter sagt, daß Billy manchmal bei uns essen darf – Mama lädt sie ein. Hast du was dagegen?«

Marianne wollte schon sagen: Du, das geht nicht – Billy gehört jetzt drei Wochen lang uns allein – aber da besann sie sich.

»Na klar – was sollte ich denn dagegen haben? Das muß doch Billy entscheiden.«

»Da hast du recht.«

Als die Schule endlich aus war, standen die drei Freundinnen beisammen.

»Um vier Uhr fahren meine Eltern«, sagte Billy. »Mutter wird mich vorher bei euch abliefern ... und Frau Wagener war gestern auch bei Mama. Ich soll manchmal zu ihnen kommen ... ich weiß gar nicht, was geschehen ist ... auf einmal ist alles so schön.«

»Stimmt«, sagte Petra, und Marianne hakte Billy unter.

»Nein, ihr versteht es nicht«, sagte Billy. »Vor ein paar Tagen noch hatte ich keine einzige Freundin. Im Schulhof oder wenn ich einkaufen ging, ärgerten mich die Jungen, und die Mädchen taten, als gäbe es mich nicht. Und auf einmal habe ich zwei Freundinnen, darf hier bleiben, bei euch und ... und ... ich komme gegen drei«, sagte sie plötzlich und rannte davon.

Petra schüttelte den Kopf. »Was hat sie nur ... sie ist so komisch ...«

Und Marianne sagte ein wenig nachdenklich: »Du, ich glaube, wir verstehen es beide nicht, aber sie hat es wohl nicht leicht gehabt ... mit so einer schwarzen Haut, weißt du?«

»Kann schon sein.«

»Du, Billy«, schrie Marianne plötzlich der Freundin nach.

»Unsere Katze bekommt schon in den nächsten Tagen ihre Jungen! Mama hat es gesagt! Und du darfst dir das allerschönste aussuchen!«

Billy dreht sich an der Ecke um und schrie:

»Ehrenwort? Lügst du auch nicht?«

»Nein«, schrie Marianne, »das Allerschönste für dich!«

Da winkte Billy und rannte um die Ecke.

»Katzenmütter«

Unsere drei Freundinnen dachten, daß sie nie schönere Tage erlebt hätten. Das war aber auch ein Leben! Den ganzen Tag waren sie zusammen. Billy war nun ganz in das Pfarrhaus gezogen. Wenn sie am Morgen die Augen aufschlug, fiel ihr Blick auf Mariannes Bett, und sie hörte in der Küche unten Frau Althoff hantieren und die Zwillinge schreien. Da fiel es ganz leicht, aus dem Bett zu springen.

Am Vormittag hatte sie mit Marianne kleine Pflichten übernommen, die großen Spaß machten.

Da gab es eine Menge Geschirr abzutrocknen, einzukaufen, die Zwillinge in der Sonne spazieren zu fahren oder Beeren im Garten zu pflücken. Auch Petra kam manchmal schon am Vormittag ins Pfarrhaus, um Frau Althoff zu helfen, die ja nun noch mehr Arbeit hatte durch das neue Familienmitglied.

Der Nachmittag aber gehörte den Freundinnen. Petrus meinte es gut mit den Mädchen. Es waren warme, sonnige Tage, die man im alten Garten verbringen konnte.

Die drei erinnerten sich an alle Spiele, die sie jemals gekannt hatten, an Abzählreime und Rätselraten. Und als ihnen nichts mehr einfiel, da erfanden sie einfach neue Spiele. Billy war darin eine Meisterin. Billy hatte immer eine Idee, die von den anderen beiden begeistert aufgenommen wurde.

»Machen wir eben das Storchenspiel, wenn uns nichts anderes mehr einfällt«, sagte Billy vielleicht.

»Und wie geht das?« fragten Marianne und Petra.

»Ganz einfach. Wir hüpfen auf einem Bein hintereinander und schlagen mit den Armen als wären es Flügel – und wer es am längsten auf einem Bein aushält, hat gewonnen und bekommt – eine halbe Tafel Schokolade.«

Da waren Marianne und Petra freilich einverstanden. Billy hatte nämlich von ihren Eltern eine ganze Tüte voller Süßigkeiten für die drei Wochen mitbekommen. Aber Billy hatte keinen Spaß daran, die Leckereien allein und heimlich aufzuessen. Billy teilte immer mit den anderen – und Hans und die Zwillinge bekamen auch ihren Teil.

Überhaupt Hans. Er hatte sich in der kurzen Zeit, in der Billy bei ihnen war, so verändert, daß jeder, der ihn vorher gekannt hatte, erstaunt war. Hans war nämlich kein Flegel mehr, und er hatte auch ganz vergessen, daß er Latein lernte und sich so wichtig genommen hatte.

Am ersten und zweiten Tag hatte er die schwarze Billy ja kaum beachtet. Er tat, als sei sie gar nicht da. Wenn sie zu ihm sagte:

»Guten Morgen, Hans!«

Dann brummte er höchstens ein paar Laute, die niemand verstand – oder sagte eingebildet: »Laß mich in Ruhe – ich habe zu tun!« Billy war dann traurig. Sie mochte nämlich den Hans sehr gern. Und sie dachte, er sei so zu ihr, weil sie eben schwarz war.

Aber dann kam die Sache mit Fritz, dem Bäckerjungen, und Adi, seinem rothaarigen Freund, und alles wurde anders.

Billy sollte für Frau Althoff Milch holen gehen, und sie beeilte sich sehr, weil die Zwillinge hungrig waren und plärrten.

Als sie aus dem Milchladen trat, kamen die zwei Jungen daher. Sie stießen sich an, und Adi spuckte durch seine große Zahnlücke, gerade vor Billys Füße.

Billy bekam auch sofort Angst. Sie hatte mit den großen Gassenjungen schon manches erlebt.

»He«, sagte der Fritz und gab Billy einen Stoß, »weißt du nicht, daß man grüßt?«

»Guten Morgen«, sagte Billy und ihre Stimme war vor lauter Angst ganz dünn.

Fritz und Adi lachten.

»So ist's brav«, spottete Adi, und Billy fragte schüchtern: »Darf ich nun weitergehen?«, weil ihr die Gassenjungen ja den Weg versperrten.

»Meinetwegen«, sagte der hinterlistige Fritz, und Billy ging ein paar Schritte – da stellte ihr der rote Adi rasch ein Bein.

Billy fiel der Länge nach hin, schlug sich die Knie auf und beschmutzte sich das neue rosa Kleidchen. Aber das war alles nicht so schlimm – schlimm war, daß die Milchkanne nun leer war und ein riesiger Milchsee auf der Straße floß.

Billy stand auf und fing zu weinen an. Sie dachte an Frau Althoff, die sie sicher nie wieder würde einkaufen lassen, und sie dachte an die Zwillinge, die vor Hunger plärrten, und auch daran, daß so eine große Kanne Milch über eine Mark kostete und Frau Althoff doch sparen mußte.

Die Gassenjungen hatten nun keinen Spaß mehr an der heulenden Billy; sie stießen sich an und wollten sich aus dem Staub machen – aber da war plötzlich Hans neben ihnen. Er war ganz außer Atem, weil er von weitem gesehen hatte, was da vor sich ging und schrecklich gerannt war.

»Ich werd's euch zeigen«, schrie er.»Solche Feiglinge! Bei so kleinen Mädchen habt ihr Mut, ihr Dummköpfe ... ihr solltet euch schämen.«

Er packte Adi, und ehe sich Billy richtig umsah, lagen alle drei Jungen auf dem Straßenpflaster und balgten sich.

»Wartet – kleine Mädchen ärgern ...«

»Was geht dich die schwarze Hexe an«, schrie Fritz.

»Aus dir machen wir Hackepeter«, schrie Adi.

Es war ein schrecklicher Lärm, und sie hieben und droschen aufeinander ein, daß Billy vor Angst wie ein kleiner nasser Hund zitterte.

»Hilfe, Hilfe«, schrie sie.

Aber da kamen zum Glück Leute, und ein dicker, starker Mann griff in das Knäuel der raufenden Jungen und zog einen nach dem andern am Haarschopf hoch.

»Sapperment«, schrie er mit Donnerstimme, »hat man so etwas gesehen? Schlägt sich auf offener Straße!«

Er schüttelte die Jungen wild und rollte die Augen, daß selbst Adi, der schlimmste aller Gassenjungen, bleich wurde.

»So, und jetzt geht nach Hause – und wenn ich einen von euch noch einmal raufen sehe, dann, dann ...« Er sagte nicht, was dann wohl sei, aber seine Worte waren so drohend, daß man das Schlimmste wohl annehmen mußte.

Adi und Fritz zogen rasch ab. Sie hatten genug für heute. Hans säuberte seine verschmutzte Hose und wollte Billy nicht ansehen.

»Hans, deine Nase blutet ja! Und auf der Stirn hast du einen großen Kratzer...«

Aber Hans schwieg und ging neben Billy her.

»Warum hast du das für mich getan?« fragte Billy leise. »Es hat noch keinen Jungen gegeben, der sich meinetwegen geprügelt hätte – noch dazu mit zwei Gassenjungen! Warum hast du es getan?«

»Die Milch tat mir leid«, sagte Hans plötzlich, und er war schon wieder hochmütig. »All die schöne Milch lag auf der Straße ... da bekam ich eben eine fürchterliche Wut...«

»Ach so...«

»Du brauchst auch keine Angst zu haben wegen der Milch. Ich erkläre Mutter alles – und sie wird dem Bäcker klarmachen, was er für ein Früchtchen hat.«

»Ja, sicher...«

Sie schwiegen beide. Billy hatte große Mühe, mit den langen Beinen von Hans Schritt zu halten.

Sie waren schon vor dem alten Tor am Pfarrhaus, als Hans sagte:

»Es war gar nicht die Milch – dir wollte ich helfen. Und wenn dich wieder jemand eine schwarze Hexe nennt, dann sag es mir.«

Er sah verlegen Billy an, aber sie strahlte vor Freude so sehr, daß er gleich wieder wegsah.

»Übrigens... du bist nicht übel... bist ein nettes Mädchen, und ich mache mir gar nichts daraus, daß du nicht weiß bist.«

»Du bist ein feiner Junge, Hans.«

»Ach, laß nur«, sagte er wegwerferisch. »Das ist gar nichts besonderes – die anderen sind nur dumm, wenn es sie stört, daß du eine andere Hautfarbe hast.«

»Meinst du wirklich?«

»Freilich – und nun komm, wir werden meiner Mutter alles erzählen.«

Und seit jenem Tag waren Hans und die kleine Billy gute Freunde. Hans ließ sich sogar so weit herab, mit den Mädchen hin und wieder zu spielen, nur, weil Billy ihn darum bat.

Und er sagte zu seiner Schwester Marianne auch nie mehr dumme Gans oder alberne Ziege und dicke Blutwurst, wenn Billy dabei war.

»Wenn er so weiter macht«, stöhnte Marianne, »wird er glatt normal, solange Billy bei uns ist. Wer hätte das gedacht!«

Eines Morgens beim Frühstück machte Frau Althoff ein geheimnisvolles Gesicht.

»Ich weiß etwas, was keiner von euch weiß«, sagte sie und lachte verschmitzt.

»Mutter, sag es doch schon«, bettelte Marianne mit vollem Mund.

»Nein – erst, wenn ihr mir geholfen habt und Petra da ist. Wir dürfen nichts ohne Petra unternehmen. Und nun trinkt endlich euren Kakao aus – ich will Geschirr waschen!«

Billy und Marianne sahen sich ratlos an. Was war denn nur geschehen? Was für ein großes Geheimnis gab es denn?

Aber Frau Althoff schüttelte nur immer den Kopf, wenn sie gefragt wurde.

»Nichts wird verraten – erst die Arbeit, dann das Vergnügen. Billy kann die gewaschenen Windeln aufhängen zum Trocknen, und Marianne hilft das Geschirr abtrocknen.«

Die Mädchen gingen heute nicht ganz so freudig an ihre kleinen Pflichten. Sie dachten ununterbrochen: Was kann es nur sein? Vielleicht eine große Torte, die Mutter gebacken hat? So dachte natürlich Marianne. Und Billy überlegte: Vielleicht kommt netter Besuch am Nachmittag, einer, den die Althoffs alle sehr gern haben ... oder der Herr Pfarrer wollte mit ihnen einen Ausflug machen, wie er es versprochen hatte, oder ... Nein, so kamen sie nicht weiter. Es gab Tausende von Möglichkeiten, und am Ende war keine die richtige.

Petra kam nach dem Mittagessen, und die Freundinnen überfielen sie gleich mit der Neuigkeit. Aber auch Petra hatte keine Ahnung, um was für ein Geheimnis es sich wohl handeln konnte.

Endlich kam Frau Althoff zu den dreien in den Garten.
»So – nun ist es soweit. Kommt mit, ihr drei Rätselrater!«
Sie ging den Mädchen voraus auf den alten Holzschuppen zu. Da begriffen die drei endlich. Sie waren ganz aufgeregt, und Marianne hielt ihre Mutter am Rock fest.
»Mutter! Die Katze, ja? Die Jungen sind da!«
Frau Althoff nickte, und die drei hüpften vor Freude und wollten ein Indianergeheul anstimmen.
»Psst«, sagte Frau Althoff, »wollt ihr schön ruhig bleiben? Ich weiß es schon seit heute morgen – aber unsere Mieze hat erst jetzt ihr Versteck verlassen, um auf die Jagd zu gehen. Es sind ganz winzige Kätzchen, Kinder, noch blind! Ihr müßt mir versprechen, daß ihr sie nicht anfaßt, solange sie so klein und hilflos sind. Mieze würde es euch arg verübeln, wißt ihr? Wenn ihr morgen nachsehen würdet, wäre kein Kätzchen mehr da. Mieze hätte sie alle verschleppt, wenn sie bei ihrer Rückkehr bemerkte, daß ihre Kleinen von Menschenhänden angefaßt wurden. Und wer weiß, wohin sie die Jungen bringen würde – vielleicht in ein Nachbargrundstück.«
»Das wäre schrecklich«, sagte Petra, und Marianne und Billy gaben ihr recht.
Die kleinen Kätzchen waren im Heu unter dem Dach versteckt; man mußte über die alte, wackelige Leiter nach oben steigen, wenn man zu ihnen gelangen wollte.
»Je«, seufzte die runde Marianne, »Mieze ist aber mißtrauisch – sie müßte doch wissen, daß wir ihren Jungen nichts tun!«
»Mieze mag ihre Kleinen, sie hat Angst um sie – das ist nur natürlich.«
Und dann lagen sie vor ihnen, die kleinen Kätzchen. Sie waren wirklich winzig und sahen noch gar nicht wie richtige Katzen aus.
Die Mädchen standen atemlos vor der Heumulde.
»Sind die süß«, flüsterte Billy, und Petra nahm ihre Hand und drückte sie.
»Dürfen wir wirklich ein Kätzchen haben, Frau Althoff? Jede von uns?«

»Von Herzen gern – ich bin froh, wenn ich für die Kleinen da Plätze habe – aber sprecht mal erst mit euren Eltern. Dann sehen wir weiter.«

Und da sagte die kleine Billy plötzlich trotzig:

»Ich hab' schon gefragt – ich darf eines nehmen!«

Frau Althoff sah Billy ernst an.

»Ist das wahr, Billy? Deine Mutter hat ja gesagt zu einem Kätzchen?« Und Billy nickte eifrig.

»Na, dann ist ja alles gut – dann hätten wir schon eines los. Welches würde dir denn gefallen?«

Billys Gesichtchen war glühend heiß vor Aufregung; sie zitterte ganz in ihrem Inneren. Wenn es nun herauskam, daß sie gelogen hatte? Wo Frau Althoff doch so lieb zu ihr war – und wo sie doch nie lügen wollte! Wo sie lügen bei anderen Kindern so haßte!

Aber sie konnte einfach nicht anders; sie mußte sich über die Kätzchen beugen, und dann sagte sie leise:

»Darf ich das schneeweiße haben? Das mit dem winzigen schwarzen Fleck über dem Näschen?«

»Gern, Billy – in ein paar Wochen darfst du es holen. Und ansehen darfst du es immer, wenn Mieze nicht in der Nähe ist.«

»Und Marianne hat nichts dagegen, wenn ich das weiße nehme?«

Marianne legte ihren Arm um Petra und lachte.

»Nein – weißt du, bei euch zu Hause bleibt so eine schneeweiße Katze immer schön weiß ... aber hier, wo wir den Garten haben und unsere Miezen immer unterwegs sind, da würde sie bald grau aussehen. Nein, ich mag das getigerte Kätzchen am liebsten.«

»Und ich nehme das rote«, sagte Petra.

»Dann hätten wir nur noch drei unterzubringen«, meinte Frau Althoff. »Nur drei – und es wird doch so schwer sein.«

»Wir schaffen es«, versprachen die drei. »Wir schaffen es bestimmt. Es wird kein Kätzchen getötet werden müssen ... und wenn wir von Haus zu Haus gehen wie die Marktfrauen mit ihrem Spargel.«

Die Zeit im Pfarrhaus war wie der Wind verflogen. Billy konnte nicht verstehen, daß die herrliche Zeit schon vorbei sein sollte. Aber am Morgen war eine Karte von ihrer Mutter gekommen. Frau Bauer schrieb ihrer Billy, daß sie bereits am nächsten Tag eintreffen würde und sich sehr freute, Billy wieder bei sich zu haben.

Billy war traurig darüber. Sie nahm die Karte und ging hinauf in das kleine Zimmer, das sie mit Marianne bewohnte. Natürlich war es ungerecht von ihr, wenn sie nun keine Freude über die Rückkehr ihrer Mutter empfand. Mutter würde es auch nicht verstehen. Also würde sie sich zusammennehmen und keinem Menschen verraten, wie ihr zumute war.

Nachdenken aber würde sie dürfen; keiner wußte ja davon. Wie schön war es gewesen, stundenlang im Garten herumzutollen, Beeren zu pflücken, zu spielen oder Frau Althoff bei ihrer vielen Arbeit zu helfen. Und wie wunderbar war es am Morgen gewesen, wenn sie erwachte und sah, daß sie nicht allein in ihrem Zimmer lag, sondern Marianne bei ihr war. Am Abend hatten sie sich oft noch lange unterhalten, hatten sich Geschichten erzählt, bis sie eingeschlafen waren. Nun war alles zu Ende.

Marianne kam zu ihr, las die Karte und sah auch traurig aus. Aber dann stellte sich heraus, daß Marianne sehr vernünftig war.

»Laß nur den Kopf nicht so hängen – was wird denn deine Mutter denken? Sie freut sich doch so sehr auf dich, und wenn du morgen so ein Gesicht machst, wird sie sehr traurig werden. Das willst du doch nicht.«

»Freilich will ich es nicht. Aber ich muß immerzu daran denken, wie schön es war ...«

»Und so schön wird es auch bleiben«, sagte Marianne energisch. »Es bleibt doch alles wie es war – nur daß du wieder zu Hause schläfst. Die Ferien sind noch lang – wir können jeden Nachmittag zusammen spielen. Denk doch an die Kätzchen, die wir nun unbedingt losbringen müssen ... und es sind noch eine Menge Beeren zu pflücken.«

»Du hast recht, Marianne.«

»Klar – und wenn der Zirkus in der nächsten Woche kommt, gehen wir alle mit meinem Vater hin. Er hat es uns versprochen. Im Grunde ändert sich wirklich nicht viel.«

Billy mußte das einsehen, aber das Herz war ihr trotzdem schwer. Denn da gab es noch eine andere Sache...

Die Stunde rückte immer näher, wo es sich herausstellen mußte, daß die kleine Billy, die ein jeder in diesem Hause mochte, gelogen hatte.

Es gab nur einen Ausweg. Billy mußte gleich morgen mit ihrer Mutter sprechen, ihr alles beichten – und sie bitten, daß sie das kleine Kätzchen behalten durfte. Mutter würde schon schweigen, würde sie nicht verraten.

Wie aber, wenn Mutter kein Kätzchen haben wollte?

Billy wurde es heiß und kalt bei dem Gedanken. Ihre ganze Lüge würde dann aufgedeckt werden – und was ihr noch schlimmer schien, sie würde das kleine, weiße Kätzchen, das sie so liebgewonnen hatte, nie besitzen.

»Lieber Gott, mach, daß alles gut wird«, betete Billy verzweifelt.

Zum Glück kam man im Pfarrhaus nicht lange zum Nachdenken. Es war immer etwas los, etwas passierte immer.

Da rief eben Petra unten.

»Billy, Billy, wo bleibst du nur! Willst du den ganzen Tag in der Stube hocken? Komm herunter, wir müssen etwas besprechen!«

Billy sah noch rasch in den Spiegel. Nein, ihr Gesicht sah aus wie immer. Die Lüge stand ihr nicht auf der Stirn geschrieben. Und da streckte sie sich selbst die Zunge heraus und hopste die Treppe hinunter. Worte waren ihr eingefallen, die einmal der Herr Pfarrer zu Marianne gesagt hatte:

»Man kann Fehler machen – jeder Mensch macht hin und wieder Fehler, etwas falsch. Aber man muß den Mut haben, den Fehler einzugestehen.«

Mut hatte sie, wenn es um das kleine Kätzchen ging. Eine ganze Menge Mut – sie würde es allen beweisen.

Wie der Streitteufel vertrieben wurde

Petra war auf die Idee gekommen, den kleinen Kätzchen Namen zu geben. Sie waren nun nicht mehr blind, und wenn Mieze nicht zu Hause war, konnte man schon mit ihnen spielen.

Die drei gingen in den Holzschuppen und kletterten über die Leiter hinauf ins Heu.

»Meine soll Peter heißen«, entschied Marianne. »Und wir taufen sie mit Wasser und sprechen feierlich ihren Namen.«

Petra und Billy waren einverstanden.

»Meine Katze wird Elsa heißen«, sagte Petra stolz. Billy und Marianne sahen sich an und kicherten.

»Elsa? Das ist aber komisch!«

Petra wurde böse.

»Und ihr seid dumme Gänse. Kann ich meine Katze nicht nennen, wie ich will? Elsa ist ungewöhnlich, aber meine Katze ist auch ungewöhnlich. Habt ihr jemals so ein wundervolles rotes Fell gesehen?«

Die beiden gaben zu, daß Petras Katze wirklich ein sehr hübsches, rotes Fell hatte – aber Elsa?

»Nenn sie doch Puck – oder Mucky«, schlug Billy versöhnend vor, aber Petra war nicht wiederzuerkennen. Die alte Streitlust schien in ihr erwacht zu sein.

»Elsa heißt sie – ihr Dummköpfe!«

Billy war beleidigt und sagte kein Wort mehr. Marianne gab nach wie stets.

»Gut, dann nenn sie eben Elsa, wenn es dir Spaß macht. Und wie soll deine Katze heißen?«

Billy brauchte nicht zu überlegen.

»Molly ... hübsch, nicht wahr?«

Marianne gab zu, daß Molly ein hübscher Name war, aber Petra lachte nun böse.

»Molly, Molly ... das ist häßlich, ausgesprochen häßlich. Dir fällt wohl gar nichts besseres ein, wie? Und meine Elsa wolltest du auslachen ...«

Billy sah Petra ganz entsetzt an. So hatte sie die Freundin noch nie gesehen. Sie war ja überhaupt nicht wiederzuerkennen, das konnte nicht Petra sein, die immer nur nett und lieb zu ihr war.

»Starr mich nicht so an«, schrie Petra, »du ... du ... du schwarzes Ding, du!«

Billys Augen waren ganz weit aufgerissen. Sie konnte nicht sagen, was in ihr vorging, aber ihr war, als schnürte ihr etwas den Hals zu. Das brannte und bohrte und zerrte in ihr.

»Du bist gemein, Petra – so etwas zu sagen! Schämst du dich überhaupt nicht? Nein, das hätte ich nicht von dir gedacht – nie!«

Marianne sagte es ganz leise und traurig, und Petra schämte sich auch mit einemmal entsetzlich. Am liebsten wäre sie ins Heu gekrochen und hätte sich versteckt vor Scham. Aber sie brachte es nicht fertig, sich zu entschuldigen. Sie spähte zu Billy hin – und sah gleich wieder weg. Billy saß stumm da, ganz steif, und dicke Tränen rollten über ihr schwarzes Gesicht, und sie schien es gar nicht zu bemerken. »Ich gehe jetzt«, sagte Petra endlich, und ihre Stimme war ganz rauh. Es tat ihr ja alles so leid. Natürlich war sie schuld an dem Streit, natürlich hatte sie sich bei Billy zu entschuldigen – geradezu gemein war sie gewesen. Aber es ging einfach nicht; sie würde kein Wort sagen können, kein nettes, um Verzeihung bittendes.

»Ich gehe jetzt«, sagte sie noch einmal und tat, als sei sie noch furchtbar wütend. »Kann ich meine Elsa gleich mitnehmen?«

»Nein«, sagte Marianne. »Mutter hat gesagt, wir müssen sie noch vierzehn Tage bei der Alten lassen ... du kannst sie dann ja holen.«

»Gut«, sagte Petra hochmütig. »Ich lasse sie dann holen. Und ich ... ich komme natürlich nie wieder, nie. Ihr wollt mich ja gar nicht ...« Und mit einemmal glaubte sie zu wissen, warum sie so böse geworden war und die Worte sprudelten nur so von ihren Lippen.

»Ihr beide, ihr! Ihr ganz dicken Freundinnen! Ich möchte

nicht wissen, was ihr alles über mich gesagt habt wenn ich nicht dabei war – wo ihr doch Tag und Nacht beisammen wart. Ich merke es schon lange, daß ihr mich nicht mehr leiden könnt ... na, dann ist es eben Schluß.«

Nun war auch Marianne sprachlos. Am liebsten wäre sie ja auf Petra losgegangen und hätte sich mit ihr geprügelt, so wütend war sie.

»Du – du bist gemein und verlogen, ja, verlogen! Wie kannst du so etwas sagen? Ach, geh doch ... zuerst beleidigst du Billy – und jetzt spielst du noch die gekränkte Leberwurst, pfui ...«

Ja, da saßen sie nun, alle verschnupft bis oben hin, und was vor ein paar Wochen so schön angefangen hatte, war jetzt wohl zu Ende.

»Ihr braucht euch meinetwegen nicht zu streiten«, sagte endlich Billy schluchzend, »morgen ist für mich ja sowieso alles zu Ende ... morgen kommt meine Mutter wieder. Und das Gescheiteste wird sein, wenn ich dann nachmittags nicht mehr hierher komme. Nein, meinetwegen braucht ihr beide nicht zu streiten. Schließlich wart ihr schon Freundinnen, bevor ich zu euch kam ... ich gehe lieber ... und überhaupt, ich hätte mir ja denken können, daß ihr seid wie alle anderen. Ihr mögt mich nicht, weil ich schwarz bin!«

Das war selbst der gutmütigen Marianne zuviel.

»Du, bilde dir nur nicht zu viel auf deine Hautfarbe ein«, sagte sie zornig. »Du nimmst sie immer als Vorwand, wenn dir was nicht paßt.«

Im Garten rief Frau Althoff. Die drei rührten sich nicht. Stumm und böse saßen sie im Heu, und ein jedes streichelte sein Kätzchen.

»Die Katzen sollen wenigstens nicht darunter leiden«, sagte dann Marianne. »Aber die Taufe lassen wir lieber sein. Vielleicht ist es auch gar nicht richtig, wenn man kleine Katzen wie kleine Kinder tauft ... ich meine, wenn man Taufe spielt. Vater würde es nicht mögen. Wir nennen sie also nur beim Namen.«

»Ist mir gleich«, murmelte Petra.

»So sollst du von nun an Peter heißen«, sagte Marianne und streichelte ihr rotes Kätzchen.

»Ich nenn' dich Molly«, sagte Billy leise und unglücklich, und Petra schloß sich an:

»Elsa sollst du heißen!«

Ja, da saßen sie nun und hatten sich nichts mehr zu sagen weil der Streitteufel mitten unter sie gefahren war. Unten im Garten wurden sie wieder gerufen, aber diesesmal war es die Stimme des Pfarrers.

»Mein Vater ruft – ich glaube, wir sollten hinuntergehen«, sagte Marianne. »Und laßt euch nichts anmerken – Vati würde uns entweder auslachen – oder schelten.«

Bedrückt kamen sie aus dem Schuppen. Der Herr Pfarrer sah natürlich sofort, daß etwas nicht in Ordnung war. Die drei machten aber auch böse Gesichter.

»Nanu«, rief er und lachte, »was haben die Damen denn? Eine kleine Meinungsverschiedenheit – oder nur schlechte Laune?«

Die drei versuchten zu lächeln, schüttelten die Köpfe und Petra murmelte:

»Ich glaube, jetzt muß ich aber nach Hause!«

»Hiergeblieben«, sagte der Pfarrer, »ich habe soeben mit deinem Vater telefoniert, Petra, du darfst heute bei uns bleiben, weil es doch Billys letzter Tag in unserer Familie ist. Wir müssen das doch ordentlich feiern, nicht wahr?«

»Ach, wie fein«, sagte Petra höflich, aber es klang gar nicht begeistert, und Marianne und Billy schwiegen dazu.

»Na, hört mal zu, ihr drei. Zuerst wird im Garten zu Abend gegessen, das wird lustig werden. Mutter und Hans hängen schon die Lampions auf – und dann gehen wir alle gemeinsam in den Zirkus. Seit heute ist er in unserer Stadt.«

Aber selbst das Wort ›Zirkus‹ und die Erwähnung der Lampions schien keinen Eindruck auf die drei zu machen. Sie bedankten sich sehr nett bei Pfarrer Althoff, aber von Freude war keine Spur in ihren Gesichtern zu lesen.

»Ich weiß nicht, was mit euch los ist – habt ihr euch am Ende gestritten? Nun, Petra?«

Petra wurde über und über rot, schluckte heftig, und dann sagte sie kleinlaut:
»Ja, ein wenig.«
»Na, dann vertragt euch mal wieder. Ich dachte immer, ihr drei klebt wie Kleister aneinander, und so etwas wie Streit gäbe es nicht bei euch. Ich habe mich wohl getäuscht.« Er schwieg eine Weile, dann sagte er verschmitzt:
»Aber vielleicht haben die kleinen Damen auch nur Langeweile? Sicher, das muß es sein. Wo sich Langeweile breitmacht, fehlt auch der Streitteufel nicht. Was euch fehlt, ist eine Beschäftigung – dann wird euch das Abendessen besser schmecken. Was meint ihr dazu?«
Marianne sah auf ihre Schuhe, Petra blinzelte, als könnte sie den Herrn Pfarrer heute nur schlecht erkennen, und Billy kam sich fast ein wenig schlecht vor, weil sie dem Herrn Pfarrer doch sicher Kummer machte.
»Die Damen belieben zu schweigen? Macht auch nichts. Also hört mal her, ihr drei! Dort, im Nachbargrundstück, plagt sich seit einer Stunde eine alte Frau mit dem Unkraut in ihrem Gemüsegarten. Sie ist zur Zeit ganz allein, weil ihre Tochter im Krankenhaus ist. Fünfundsiebzig ist die alte Dame – seht mal durch die Büsche, Kinder! Kein besonders schöner Anblick, wenn sich so ein alter Rücken immer wieder bücken muß ... eure jungen Rücken täten das viel lieber, was meint ihr?«
Eine Sekunde schwiegen sie noch, dann sprachen sie alle gleichzeitig:
»Aber natürlich, Herr Pfarrer ... wir helfen gern ... wir haben es nur nicht gesehen, Vati ...«
Sie gingen gehorsam hinüber in den anderen Garten. Pfarrer Althoff sah ihnen nach und schmunzelte.

Die alte Großmutter Weißhaupt sah erstaunt über ihre Brille, als plötzlich drei Mädchen vor ihr standen.
»Guten Tag, Großmutter Weißhaupt«, sagte Marianne. »Wir haben nichts zu tun – dürfen wir Ihnen im Garten hel-

fen? Es würde uns großen Spaß machen ...«

Großmutter Weißhaupt wußte zuerst gar nicht, was sie sagen sollte. Noch nie hatte sich jemand gefunden, der ihr geholfen hätte – und nun kamen gleich drei Helfer zu ihr!

»Ja, wenn es euch wirklich Spaß macht?«

»Freilich, großen Spaß!«

»Ihr seid aber drei nette Mädchen.«

Die drei schwiegen darauf, und Petra sah nur rasch zu Billy hin, aber die bückte sich bereits und rupfte Unkraut aus dem Salatbeet.

»Immer mit der Wurzel, Kinder ...«

»Wissen wir schon, Großmutter Weißhaupt. Wir haben das schon oft gemacht.«

Und es machte ihnen wirklich großen Spaß, der alten Frau zu helfen. Voll Stolz sahen sie, wie das Unkraut immer weniger wurde. Als sie mit ihrer Arbeit fertig waren, boten sie sich noch an, für Großmutter Weißhaupt einzukaufen, und als sie das getan hatten, kehrten sie noch die Stube und gossen die Blumen in den Kästen.

Großmutter Weißhaupt sagte, daß sie noch nie so nette Mädchen kennengelernt hätte, und schenkte jeder einen großen, rotbackigen Apfel.

»Es war ganz prima hier«, sagte Petra, als sie sich verabschiedeten. »Wir haben noch eine ganze Weile Ferien – sollen wir uns jeden Tag einmal umsehen? Vielleicht haben Sie etwas einzuholen ...«

Großmutter Weißhaupt sagte, daß das wirklich sehr lieb von ihnen sei, und die drei zogen zufrieden nach Hause.

Erst jetzt dachten sie wieder an ihren Streit. Er kam ihnen auf einmal so lächerlich vor. Sie mußten sich sogar sehr besinnen, weshalb sie eigentlich so böse miteinander waren.

Vor dem alten Tor des Pfarrhauses sagte Marianne dann: »Was ist nun – wollen wir uns wieder vertragen? Ich meine, daß wir gar keinen Grund hatten, so böse zu werden ... und böse sind wir alle geworden ... ihr und ich.«

»Nein«, sagte Petra, »das stimmt nicht. Ich allein war schuld an dem Streit. Es tut mir leid – es tut mir besonders leid, daß ich zu Billy so häßliche Dinge sagte.«

Billy schüttelte den Kopf. »Nein, nein ... ich war es, ich hätte nicht gleich heulen dürfen. Ich weiß doch, daß du wütend wirst, wenn ich weine ...«

»Schön, dann sind wir eben alle drei daran schuld. Einverstanden? Und wir wollen uns versprechen, nie wieder zu streiten, nie wieder ...«

»Gern«, sagten Billy und Petra, und sie gaben Marianne feierlich die Hand.

Die Lampions leuchteten schon durch die Büsche. Auf dem Tisch war ein ganzer Berg köstlicher Brote aufgestapelt. Marianne lief das Wasser im Mund zusammen.

»Weißt du«, sagte sie ganz friedlich nun zu Petra, »eigentlich ist ›Elsa‹ gar kein so übler Name für eine Katze. Es klingt so sanft, nicht wahr?«

»Das finde ich auch«, gab Billy zu. Aber Petra sagte vergnügt:

»Eigentlich mach ich mir gar nichts aus Elsa. Ich kann sie gerade so gut Emma heißen, oder vielleicht Ida ...«

»Ida?«

Marianne und Billy sahen sich an – dann lachten sie laut heraus. Und Petra tat das Gescheiteste, was sie machen konnte; sie lachte herzlich mit.

»Dann doch lieber Elsa.«

Und dabei blieb es.

Ein aufregender Tag

Im Zirkus war es ganz wunderbar gewesen. Die drei waren sich einig, daß es erstens nichts schöneres als einen Zirkusbesuch gab und daß zweitens der Herr Pfarrer ein riesig netter Mann war, der lustigste, den sie kannten.

Sie hatten zuerst, weil sie viel zu früh da waren, die Tierschau angesehen, und Pfarrer Althoff hatte ihnen über jede

Tierart etwas erzählt. Geradezu spannende Geschichten wußte er von den Tigern, die es in Indien und Sibirien gab, von den Löwen, die in Afrika lebten.

Dann kam das große Erlebnis. Das riesige Zelt war bis auf den letzten Platz besetzt, und die Mädchen saßen mit dem Herrn Pfarrer und Hans in der allerersten Reihe und konnten jede Nummer ganz genau sehen.

Wie schauderten sie, als die Künstler hoch oben in der Luft schaukelten, so daß es zuweilen aussah, als müßten sie mitten in die Menschenmenge stürzen. Und wie lustig anzusehen war es gewesen, als die junge Dame mit ihrer Affengruppe auftrat. Die Äffchen trugen Höschen und Röckchen wie die Kinder und zeigten allerhand Kunststücke.

Petra war von der Raubtiergruppe am meisten beeindruckt. Sie bewunderte den starken Mann, der sich so allein unter all die vielen wilden Tiere wagte. Er brachte sie dazu, daß sie alles taten, was er ihnen zurief. Sie sprangen durch brennende Reifen, verließen ihre Sitzplätze und taten, als legten sie sich zum Schlafen nieder.

»Wenn ich erwachsen bin«, sagte Petra, »werde ich ein Raubtierbändiger. Ihr werdet es schon sehen...«

»Ich würde lieber die kleinen Ponys dressieren«, gab Marianne zu, und Billy entschied sich für die Künstlerin auf der Schaukel unter der Zirkuskuppel.

Aber einmal ist alles zu Ende, auch der schönste Zirkusabend. Pfarrer Althoff brachte Petra zu ihren Eltern, und Marianne und Billy waren traurig, weil es nun die letzte Nacht war, die sie zusammen waren.

Sie unterhielten sich heute noch länger als sonst, als sie in ihren Betten lagen.

»Weißt du«, flüsterte Marianne, »wir sind schön dumm, wenn wir nun traurig werden. Freilich mußt du morgen wieder nach Hause, aber wir bleiben ja immer beisammen. Wir können uns jeden Tag sehen, werden miteinander spielen und immer Freundinnen bleiben. Es ist eigentlich gar nichts Trauriges daran.«

»Du hast recht«, sagte Billy, aber da kamen ihr schon wieder die dummen Tränen.

»Deine Mutti wird sich sehr freuen, wenn sie dich morgen wieder hat«, sagte Marianne, aber Billy schwieg.

»Meinst du nicht, daß sie sehr traurig wird, wenn sie morgen bemerkt, daß du viel lieber hier geblieben wärst? Sie denkt sicher, daß du richtige Sehnsucht nach zu Hause hast – daß du sie lieb hast...«

»Aber ich hab' sie doch lieb; Mutti ist sehr gut.«

»Aber morgen früh wird sie denken, daß du sie nicht magst«, sagte Marianne hartnäckig. »Du wirst bestimmt weinen, wenn du fort mußt, und deine Mutter wird darüber sehr traurig sein.«

Billy gab Marianne recht.

»Ich werde versuchen, nicht zu weinen.«

»Versprichst du das?«

»Ja – Ehrenwort.«

»Na gut – dann laß uns noch vom Zirkus sprechen ... war es nicht ein wundervoller Abend?«

»Ja«, sagte Billy, aber sie schien an etwas anderes zu denken.

»Warum sagst du denn nichts – he, Billy, schläfst du etwa schon?«

Da seufzte Billy ganz tief und schwer.

»Ach Marianne, da ist noch etwas... noch eine ganz schwierige Sache. Ich weiß gar nicht, was werden soll... wie es weitergehen soll.«

Marianme setzte sich in ihrem Bett auf. Sie war immer sehr energisch, wenn andere Kummer hatten.

»Dann erzähle mal... was ist es denn? Sicher kann ich dir helfen!«

»Ach nein, du kannst mir nicht helfen – niemand kann mir helfen. Es ist ganz furchtbar schwer. Ich habe ganz große Sorgen.«

»Puhhh.« Marianne dachte über Billys Worte nach.

»Wenn ich dir verspreche, daß ich kein Sterbenswörtchen verrate?«

»Nein, ich sag's dir nicht«, sagte Billy eigensinnig. »Das ist allein meine Sache. Ich weiß, daß du mir nicht helfen kannst, also sag ich auch nichts.«

Marianne, die es gut gemeint hatte, war ein wenig gekränkt. »Na, dann laß es bleiben!«

»Gute Nacht«, flüsterte Billy, aber Marianne tat, als sei sie soeben eingeschlafen.

Billy lag noch eine ganze Weile wach. Sie mußte an so vieles denken. An das Kätzchen Molly und an ihre Mutter, an ihre große Lüge, die nun aufgedeckt werden würde, und an den Zirkus.

Und als sie endlich schlief, träumte sie lauter buntes, wirres Zeug.

Sie träumte, Kätzchen Molly schaukelte hoch unter der Zirkuskuppel, und ihre Mutter kam zu ihr und hatte ganz traurige Augen und schneeweiße Haare wie die alte Oma Weißhaupt.

»Du liebst mich nicht«, sagte sie, »vor lauter Kummer habe ich weiße Haare bekommen. Billy liebt mich nicht ...«

Billy warf sich unruhig im Bett.

Am anderen Morgen hatte sie Kopfschmerzen, aber sie sagte es keinem. Sie aß nur wenig zum Frühstück und war merkwürdig still. Sie sprach nur, wenn sie gefragt wurde.

Nach dem Frühstück sagte sie allen lebewohl. Der Herr Pfarrer lachte sie aus. Er sagte, am Nachmittag würde sie ja sicher wiederkommen, um zu spielen – und wenn nicht heute, so doch bestimmt am nächsten Tag, aber es half nichts. Billy lächelte nicht einmal.

Dann durfte sie in das Auto des Pfarrers steigen und wurde zum Bahnhof gefahren. Marianne hatte sie begleiten wollen, aber die Zwillinge waren heute noch lebhafter als sonst, und da mußte sie auf sie aufpassen.

Der Zug fuhr fauchend und rauchend in den Bahnhof ein. Billys Herz klopfte ganz laut, als sie alle Fenster und Türen absah. Und da kam endlich die Mutter.

Es schien Billy, als sei sie in diesen drei Wochen noch

schmäler und blasser geworden, und sie schämte sich plötzlich sehr, daß sie so unglücklich gewesen war.

»Mutti, Mutti ...«, sie ließ die Hand des Pfarrers los und eilte durch die vielen Menschen.

»Mutti!«

Und dann hielten sie Muttis Arme ganz fest.

»Meine Kleine, meine Billy ... wie bin ich froh, dich wiederzuhaben ... hast du mich ein wenig vermißt?«

Billy gab ihrer Mutter einen herzhaften Kuß.

»Ja«, sagte sie, »ganz furchtbar ... ich hab' dich sehr, sehr lieb.«

Als dann Mutti mit dem Herrn Pfarrer sprach und sie neben den beiden herging, dachte sie: Es ist nicht gelogen. Als ich Mutti sah wußte ich, daß ich sie sehr lieb habe. Ich will immer ganz lieb zu ihr sein.

Zu Hause hatten sie sich viel zu erzählen. Mutter berichtete von Vater, dem die Kur gut tat, und Billy erzählte von all den schönen Tagen im Pfarrhaus. Aber während all der Gespräche dachte sie immerzu: Wann sage ich es ihr von meinem Kätzchen? Was wird sie darauf sagen?

Und da wurde sie ganz still und nachdenklich.

Beim Mittagessen dann fiel es Frau Bauer auf, daß Billy kaum aß und schon lange nichts mehr gesprochen hatte.

»Billy, ist etwas mit dir? Bist du krank – oder hast du Kummer?«

Billy sah ihre Mutter groß an. Der Löffel in ihrer Hand zitterte, so aufgeregt war sie, und dann sagte sie und nahm all ihren Mut zusammen.

»Mutti, kannst du eigentlich Katzen leiden?«

»Freilich – es sind nette Tiere. Warum fragst du?«

»Nur so, Mutti ... weißt du, die Althoffs haben eine Katze ... und nun hat sie Junge bekommen, sechs Stück ... morgen wollen wir in die Stadt gehen und sie verschenken, damit sie nicht zum Tierarzt müssen. Der tötet sie nämlich, Mutti ...«

»Ach ja, ich weiß. Das ist traurig, Kleines. Aber sieh einmal, die Tierchen werden da ganz schmerzlos umgebracht. Sie spüren gar nichts, sie schlafen einfach ein. Ist das nicht besser, als wenn sie herrenlos herumstreunen, kaum Futter finden und nur den Vögeln auflauern?«

»Wir bringen die drei ganz bestimmt los, Mutti. Wir haben uns vorgenommen, daß keines getötet werden muß.«

»Na, wenn ihr es schafft? Es wäre ja schön...«

Billy schwieg, aber sie konnte nicht weiter essen. Frau Bauer sah auf einmal Billy an.

»Du sagtest doch sechs seien es – und eben waren es nur mehr drei...«

»Na ja«, stotterte Billy und wäre am liebsten unter den Tisch gekrochen, »die anderen drei haben doch schon ein Plätzchen.«

»O, das freut mich aber – wo denn?«

Nun mußte sie es wohl sagen, wenn sie auch glaubte, an den Worten ersticken zu müssen.

»Eines darf Marianne noch behalten. Und das rote Kätzchen darf Petra nehmen. Ihre Mutter hat zuerst nein gesagt – aber dann hat sie es erlaubt. Petras Mutter mag Katzen nämlich sehr gern.«

»So. Und das dritte Kätzchen?«

Billy schluckte, als müsse sie den Teller voller Gemüse mit einem einzigen Bissen hinunterwürgen.

»Du meinst das schneeweiße? Das mit dem schwarzen Fleck über dem Näschen?«

»Billy – ich weiß nicht, was es für ein Kätzchen ist, aber du benimmst dich merkwürdig.«

»Das habe ich... ich hab' gesagt, ich dürfte es nehmen«, sagte sie ganz rasch und wagte nicht, ihre Mutter anzublicken.

Einen Augenblick war es ganz still im Zimmer. Dann sagte Frau Bauer:

»Das kann doch nicht sein, Billy. Du weißt, daß ich in meiner Wohnung nie eine Katze dulden würde. All die Katzenhaare auf den Teppichen... und überhaupt, das kommt nie in Frage.«

»Mutti, ich habe aber allen gesagt, daß du mir die Erlaubnis gegeben hast... ich habe alle belogen...«

»Seit wann lügst du, Billy? Geh mal schön hin heute nachmittag zu den Althoffs, entschuldige dich und gestehe die Wahrheit – hast du gehört? Das hätte ich von dir denn doch nicht gedacht! Grundlos und ohne jeden Zwang zu lügen – einfach nur, weil es dir Spaß machte...«

Billy war sehr unglücklich.

»Ich hatte doch einen Grund, Mutti... ich wollte so schrecklich gern das Kätzchen haben, weißt du? Es ist so niedlich, du solltest es dir einmal ansehen. Und ich dachte, du würdest bestimmt ja sagen, Mutti... bitte, bitte, überlege es dir doch!«

Frau Bauer war sehr zornig.

»Also Billy, ein für allemale – das kommt nicht in Frage! Ich will keine Katze in der Wohnung haben. Und du gehst jetzt sofort und entschuldigst dich bei den Althoffs für deine Lüge. Wenn ihr so sicher seid, daß ihr drei Kätzchen morgen unterbringt, so werdet ihr auch das vierte los werden. Geh jetzt – und komm mir nicht nach Hause, ohne dich entschuldigt zu haben, hörst du? Ich muß schon sagen, daß ich sehr enttäuscht bin, mein Kind...«

Billy stand mit hängendem Kopf auf und ging zur Tür.

»Und da ist gar nichts zu machen, Mutti?«

»Billy – soll ich etwa mitgehen?«

Da ging sie endlich. Langsam schlich sie die Treppe hinunter. Tränen brannten in ihren Augen. Hinzugehen und zu sagen: Verzeihen Sie, Frau Althoff, ich habe gelogen und darf keine Katze haben – das war nicht das schlimmste. Frau Althoff würde ihr vielleicht sagen, daß man nicht log, aber das wußte sie ja. Frau Althoff hatte immer Verständnis für alles.

Aber daß Klein-Molly nun nie ihr gehören würde, das war nicht auszudenken. Nun würde sie irgend einen Herrn bekommen, einer, der es vielleicht nicht liebte, der das weiße Fell verdrecken ließ, der nie süße Milch bereitstellte. Oder sie fand keinen Herrn und der Tierarzt würde ihr eine Spritze geben...

Billys Herz war schwer wie ein Stein. Sie hatte eiskalte Hände und ihr Kopf schmerzte wieder so sehr.

Ich kann Molly nicht hergeben, dachte sie immer wieder. Ich darf Molly nicht verlassen. Ihr Fell glänzt so wunderbar und ist so weich, und sie hat ein winziges, rosarotes Schnäuzchen wie ein Ferkelchen ... ich kann Molly nicht ihrem Schicksal überlassen.

Es wurde Abend, und Billy kam nicht nach Hause. Frau Bauer hatte längst den Abendbrottisch gedeckt und wartete am Fenster. Allmählich wurde sie ärgerlich. Billy schien in diesen Ferien ganz verwildert zu sein. Sie wußte überhaupt nicht mehr, was sich gehörte – und so lange war sie noch nie fortgeblieben. Die Strafpredigt von heute mittag hatte sie wohl auch längst vergessen, ebenso die Katze. Sie dachte nur ans Spielen ...
Als es schon dunkelte und Billy immer noch nicht kam, telefonierte Frau Bauer mit den Althoffs. Zu ihrem Schreck erfuhr sie, daß Billy überhaupt nicht dort gewesen war. Marianne hatte den ganzen Tag vergebens auf sie gewartet. Die Althoffs telefonierten mit Petras Eltern – aber die hatten Billy auch nicht gesehen.
Frau Bauer und Pfarrer Althoff durchsuchten die ganze Stadt. Sie sahen im Park und auf dem Spielplatz nach, fragten Oma Weißhaupt und alle Bekannten und Klassenkameraden von Billy – aber keiner hatte sie gesehen. Sie war wie vom Erdboden verschwunden.
Die Aufregung war groß bei den Althoffs. Frau Bauer weinte und schlug vor, die Polizei zu benachrichtigen. Schließlich konnte Billy etwas zugestoßen sein.
»Ich hätte nie geglaubt, daß Billy so eigensinnig sein kann«, sagte Frau Bauer immer wieder, »daß sie sich die Sache so zu Herzen nimmt ...« Sie erzählte nun, was mittags vorgefallen war.
»Sieh doch mal nach den jungen Katzen, Hans«, befahl der Herr Pfarrer. »Wenn mich nicht alles täuscht, erleben wir da eine kleine Überraschung!«
Und es gab eine Überraschung. Da lagen nämlich nur mehr

fünf junge Kätzchen im Heu. Das sechste, schneeweiße Kätzchen war verschwunden wie Billy.

»Nun kenne ich mich überhaupt nicht mehr aus«, sagte Frau Bauer. »Soll sie das Kätzchen etwa heimlich genommen haben? Aber wohin ist sie damit gegangen ... irgendwo muß sie doch sein!«

Frau Bauer war ganz außer sich. Die Knie zitterten ihr. Sie hatte solche Angst um Billy, denn draußen war es inzwischen stocknacht geworden.

Der Herr Pfarrer überlegte lang, dann sagte er:

»Mutter, gib mir doch mal die große Taschenlampe. Und ihr bleibt alle hier – ja? Wenn mich nicht alles täuscht...«

Er ging in die Nacht hinaus und blieb eine lange Zeit fort. Dann hörten sie ihn rufen:

»Frau Bauer? Kommen Sie doch bitte heraus...«

Da stand er und hatte Billy auf den Armen. Sie hatte die Augen geschlossen und ihr Kopf glühte, und im Arm hielt sie krampfhaft ein kleines, weißes Kätzchen, das ängstlich miaute.

»Mein Gott – wo haben sie Billy gefunden?«

»Bei den Katzen – noch einen Stock höher, wo wir nicht nachsahen. Wie sie dort hinaufgekommen ist, weiß ich nicht. Sie hat starkes Fieber ... wahrscheinlich wollte sie sich dort oben mit der Katze verstecken ... ich kann mir nicht denken, was sie sich dabei dachte.«

»Glauben Sie, es war Eigensinn?«

Pfarrer Althoff half Frau Bauer, Billy in den Wagen zu legen.

»Nein – Billy ist nicht so. Sie hat wirklich eine außergewöhnliche Tierliebe – und mit dem Kätzchen fühlte sie sich schon lange verbunden. Morgen wird sie gescheiter sein und einsehen, daß man nicht alles haben kann, was einem gefällt.«

Frau Bauer schwieg. Sie hatte Angst um Billy.

Der Arzt stellte fest, daß Billy eine leichte Erkältung hatte. Das Fieber war vielleicht ein wenig auf all die Aufregung zurückzuführen. Billy hatte entsetzliche Angst, daß das weiße Kätzchen nun getötet werden mußte.

Sie sprach nicht mehr davon. Sie war wieder die liebe, artige Billy, als sie in ihrem Zimmer lag. Und je länger sie über alles nachdachte, um so mehr sah sie ein, daß sie Unrecht getan hatte.

»Mutti«, rief sie, »komm, setz dich zu mir.«

Frau Bauer setzte sich zu Billy und nahm ihre Hand.

»Ich weiß, was du sagen willst, Billy, schlaf jetzt, damit du rasch gesund wirst. Ich bin dir nicht mehr böse.«

»Wirklich, Mutti? Aber es war dumm und böse von mir, einfach wegzulaufen. Du hattest solche Angst um mich...«

»Unüberlegt war es, Billy. Du hattest Fieber, sonst würdest du es nie getan haben. Meine Billy würde mich nicht zu Tode ängstigen wollen.«

»Ich weiß nicht, was ich dachte, Mutti ... ich sah nur immer den Tierarzt vor mir, wie er Molly eine Spritze gab...«

»Sei jetzt still, sonst bekommst du wieder Fieber. Es wird alles gut werden. In der nächsten Woche ist dein Geburtstag – dein neunter, Billy ... deine Freundinnen freuen sich schon auf die Feier. Du mußt dazu tun, daß du bis dorthin ganz gesund bist.«

»Natürlich, Mutti.«

Später kamen Marianne und Petra. Frau Bauer hatte ihnen erlaubt, Billy einen kurzen Besuch zu machen.

Marianne brachte frische Beeren aus dem Pfarrgarten, und Petra einen leuchtenden Blumenstrauß.

Billy bedankte sich für die Geschenke, aber sie hatte etwas anderes auf dem Herzen.

»Was ist? Ward ihr heute morgen in der Stadt?«

Marianne und Petra nickten und lachten.

»Hat geklappt wie am Schnürchen. Zuerst sah es nicht gut aus; die Leute lachten uns aus mit dem Katzenkorb. Der dicke, böse Bäcker sagte, wir sollten zum Fluß hinausgehen und sie hineinwerfen, das wäre das gescheiteste.«

»Schrecklich!«

»Ja – aber dann hatten wir Glück. Oma Weißhaupt lief uns in den Weg. Als die hörte, was wir vorhatten, wurde sie ganz traurig, weil wir nicht an sie gedacht hatten. Ihre Katze ist vor einem Jahr an Altersschwäche gestorben – und sie wollte schon lange ein Kätzchen ... wir gaben ihr das gefleckte ...«

Billy konnte sogar ein wenig lächeln als sie das hörte.

»Und? Weiter, weiter ...«

»Das mit den weißen Pfötchen nahm die Metzgermeisterin. Sie hat Mäuse, sagt sie, und das Kätzchen bekam gleich eine große Weißwurst zum Frühstück. Weißpfötchen hat nun ein feines Leben ... das reinste Katzenparadies ...«

»Und das mit der roten Schwanzspitze?«

»Das nahm die Bürgermeisterin«, sagte Petra stolz. »Sie gab uns sogar ein Markstück dafür und jeder einen großen Apfel. Sie hat dem Kätzchen gleich ein Schleifchen um den Hals gebunden – aber das paßte Rotschwänzchen nicht, und es riß es sich wieder ab.«

»Gott sei Dank«, sagte Billy.

Dann schwiegen sie und dachten alle drei an das kleine, schneeweiße Kätzchen.

»Was ... was ist aus ihm geworden?«

Marianne hatte es plötzlich eilig, ans Fenster zu kommen. Sie tat, als interessiere sie der Verkehr auf dem Marktplatz. Petra betrachtete die Bilder an der Wand.

»Was ist aus ihm geworden – aus meinem Kätzchen?« fragte Billy leise.

»Ach so, aus deinem ...« Marianne tat ganz erstaunt. »O, da kannst du ganz unbesorgt sein. Es hat auch einen Platz gefunden. Stell dir vor, wir haben es im Korb bei den anderen – da kommt eine Frau des Wegs, blickt in den Korb und sagt: Das da – das da will ich haben! Nicht wahr, Petra, so war es!«

»O ja«, sagte Petra rasch – »genau so war es. Die Dame nahm es mit. Leider wissen wir nicht, wo sie wohnt ...«

Billy seufzte, und ganz rasch wischte sie sich ein paar Tränen aus den Augen.

»Ich hätte es so gern behalten«, sagte sie, »aber Mutti hat wohl recht. Mutti zuliebe will ich verzichten ... ich habe meine Mutti nämlich sehr lieb.«

Frau Bauer hörte das; sie wollte gerade das Zimmer betreten. Sie lächelte ein wenig.

Billy wurde bald wieder gesund. Sie durfte nachmittags wieder in das Pfarrhaus gehen und mit Petra und Marianne spielen. Manchmal streichelte sie heimlich Mariannes Kätzchen Peter, und sie war richtig neidisch auf die Freundin. Aber sie hätte das keinem verraten – am wenigsten Mutti.

Sie hatten viel zu tun, die drei. Oma Weißhaupt helfen, die letzten Beeren pflücken – und das wichtigste: Billys neunten Geburtstag vorbereiten. Sie hatten eine ganze Menge Vorschläge, wie man ihn feiern konnte. Billy selbst erfand ganz neue Spiele für diesen Tag, und Marianne und Petra schlossen sich stundenlang ein, um ein langes Gedicht auswendig zu lernen. Ein Gedicht, das allein Billy gehören sollte. Außerdem bastelten sie hübsche, bunte Buchzeichen aus Karton und Glanzpapier. Hans half ihnen dabei. Billy hatte auch ihn eingeladen.

Der große Tag kam. Billy war voller Aufregung, als sie am Morgen die Augen aufschlug. Herrjeh, es war nicht leicht, Geburtstag zu haben, wenn man Gäste erwartete und alles klappen sollte!

»Alles Liebe und Gute, mein Schatz«, rief Frau Bauer, als sie ins Zimmer trat. Sie gab Billy einen langen Kuß und drückte sie ganz fest an sich.

»Alles, alles Gute, bleibe gesund und brav, Billy...«
»Mutti... ich bin so aufgeregt!«
Frau Bauer lächelte.
»Dann komm und sieh dir deine Geschenke an.«

Billy folgte der Mutter ins Wohnzimmer. Ein großer Blumenstrauß stand auf dem Tisch, ein herrlicher Geburtstagskuchen mit neun brennenden Kerzen. Billy wurde es ganz feierlich und schwer ums Herz.

»Mutti, ist es eine wichtige Sache, Geburtstag zu haben?«
»O ja, mein Kind, sehr wichtig. Willst du nicht deine Geschenke ansehen? Das Kleidchen und das Kettchen mit dem Kreuz hat dir Vati geschickt. Er ist traurig, weil er heute nicht hier sein kann – aber er hat geschrieben, daß er die Feier mit dir nachholen wird, wenn er zurückkommt. Das hübsche Buch schickt dir die Tante... und von mir hast du den neuen

Handarbeitskorb.«

Billys Arme umschlangen die Mutter.

»Danke, danke Mutti...«

»Sieh dir deine Sachen an, Billy.«

Billy tat es. Es war ein hübsches Kleidchen und ein feines Kettchen von Vati, und das Buch der Tante war sicher spannend. Muttis Handarbeitskorb war eigentlich viel zu groß für sie – aber man würde eine Menge darin unterbringen können.

»Mutti«, sagte Billy und wurde ganz verlegen, »Mutti... ich... ich wollte dir nur sagen, daß ich so froh bin, daß du meine Mutti bist...«

»Der Korb interessiert dich aber gar nicht«, sagte Mutti und tat, als sei sie traurig. »Du handarbeitest wohl nicht gern?«

»Doch, doch«, sagte Billy rasch – »der Korb ist wunderbar, Mutti.«

Dann blieb sie mit einemmal wie angewurzelt mitten im Zimmer stehen.

»Mutti«, fragte sie, und ihre Stimme war ganz rauh vor Aufregung, »Mutti, was war das eben?«

»Was denn, Kind?«

»Mir war, als hörte ich ein Miau...«

»Billy, mir scheint, du träumst!«

Aber in diesem Augenblick konnte man es ganz deutlich hören: »Miau, miau...« Und es kam aus dem Handarbeitskorb.

Billy konnte sich gar nicht richtig bewegen. Ganz langsam und steif schlich sie zum Tisch. Dann riß sie mit einem Ruck den Deckel vom Korb.

Im Korb lag Molly. Sie miaute kläglich, schnurrte aber sogleich zufrieden, als Billy sie von ihrem Gefängnis befreite und in den Arm nahm.

»Molly, Molly...«

Billy wußte nicht, wie ihr geschah. Sie herzte und drückte das Kätzchen, tanzte mit ihm durch das Zimmer und rief immer wieder:

»Du bist das schönste Geburtstagsgeschenk, das ich je bekam ... Molly, Molly ...«

Dann fiel ihr die Mutter ein. Aber die war still hinausgegangen. Billy suchte sie und fand sie in der Küche.

»Mutti, vielen, vielen Dank ... ich weiß gar nicht, was ich sagen soll ... du wolltest doch keine Katze in der Wohnung, Mutti!«

Frau Bauer seufzte. »Ich habe es mir eben anders überlegt. Zudem habe ich mir sagen lassen, daß Katzen sehr reinliche Tiere sind ... ich habe Papa geschrieben, und stell dir vor, er antwortete: Eine Katze war schon immer mein stiller Wunsch. Was sollte ich tun? Du hattest mir zuliebe verzichtet, du sprachst nie mehr davon ... wenn du eigensinnig und unvernünftig gewesen wärest ...«

»Mutti, ich hab dich lieb.«

»Ich dich auch, Billy.«

»Und Petra und Marianne?«

»Die wußten von allem. Ich war ja die Frau, die ihnen Molly aus dem Korb nahm. Petras Mutter hat sie die paar Tage über bei sich behalten. Es sollte doch eine Überraschung werden.«

»Das war es auch, Mutti! Ich gehe lieber doch nicht zum Zirkus. Ich werde Tierärztin – und ich werde für alle Katzen, die man mir bringt, einen Platz suchen ... ich werde allen Tieren helfen. Wäre das nicht schön, Mutti?«

»Doch, Billy. Du sollst immer versuchen, den Hilflosen beizustehen.«

Als Marianne und Petra mit Hans am Nachmittag zu Billys Geburtstagsfeier kamen, saß Klein-Molly schon auf dem Fensterblech in der Sonne und putzte sich eifrig. Sie war zufrieden mit ihrem Schicksal – und alle anderen waren es auch.

Drei reisen in den Winter

Eine Reise wird geplant

»Ich weiß nicht recht, ob es gut war, in diese Reise einzuwilligen«, sagte Frau Wagener an diesem Dezemberabend zu ihrem Mann. »Schließlich sind die Mädchen nie allein unterwegs gewesen – und dann gleich so weit weg von zu Hause!« Sie sah richtig besorgt aus und streichelte gedankenlos die Katze Elsa, die wie immer neben ihr saß.

»Die Mädchen sind aber keine kleinen Kinder mehr, Mutter. Es kann ihnen nichts schaden, wenn sie einmal allein unterwegs sein, ein wenig Verantwortung für sich und andere tragen müssen und frischen Wind spüren. Außerdem sind sie bestens aufgehoben, wenn sie am Ziel sind. Wenn Frau Bauer ihre Billy allein dorthin reisen läßt, dann hat alles seine Richtigkeit.«

Frau Wagener lächelte. »Da hast du recht. Frau Bauer ist so ängstlich, wenn es um Billy geht. Ich war richtig überrascht, daß der Vorschlag zu dieser Reise von ihr kam.«

Zahnarzt Wagener nahm sein Buch wieder auf, worin er gelesen hatte.

»Na siehst du, Mutter. Es ist so schon in Ordnung. Irgendwann muß jedes Kind den ersten Schritt allein in die Welt machen – und immer ist eine Mutter da, die sich ängstigt. Das ist nun einmal so.«

Frau Wagener schwieg und tat, als stricke sie an Petras Pullover, aber sie hatte gar keine rechte Lust dazu. Zuviel ging ihr im Kopf herum.

Petra, Marianne und Billy sollten also verreisen. Allein! Bis nach Südtirol, über die Grenze! Und den Vorschlag hatte Billys Mutter gemacht, die dort unten einen Bruder hatte, einen

Bauern mit einem großen Hof

Billys Mutter wollte diese Reise den Freundinnen schenken, weil Billy damals, vor zwei Jahren, so gut im Elternhaus von Marianne Althoff, in dem gemütlichen Pfarrhaus, aufgehoben war. Das war wirklich großzügig von Billys Mutter, und sicher war es dort in Südtirol, auf dem Hof, sehr schön. Die Mädchen waren schon ganz zappelig vor lauter Vorfreude, sie konnten den Beginn der Weihnachtsferien kaum erwarten. Es waren die ersten Feiertage, die Petra nicht zu Hause verbringen würde. Das war schon ein wenig traurig für Frau Wagener. Und sie mußte sich immerzu Gedanken machen: Ob die Kinder, wenn sie bei fremden Leuten waren, richtig essen würden? Ob sie sich nicht erkälteten? Schrecklich, wenn Petra unten Fieber bekäme – bei fremden Leuten!

Frau Wagener ging leise aus dem Zimmer und huschte schnell zu Petra hinein.

Petra schlief noch nicht. Sie lag in ihrem Bett, hatte die Arme unter dem Kopf verschränkt und sah mit wachen Augen ihre Mutter an.

»Kind, du schläfst ja immer noch nicht? Und morgen früh um acht Uhr sollst du eine Mathematikschulaufgabe schreiben. Das kann doch nicht gut gehen!«

»Ach Mutti«, sagte Petra rasch, »das wird schon gehen. Ich sitze jetzt ja neben Billy – und Billy ist ganz groß in Mathe.«

»Aber Peter! Wenn dich die Studienrätin beim Abschreiben erwischt, bekommst du eine Sechs!«

»Wird schon nicht«, meinte Petra mundfaul.

»Und selbst wenn sie dich nicht erwischt, bleibt es immer noch Betrug. Willst du das? Dich mit fremden Federn schmücken?«

Petra wurde verlegen und blinzelte ins Licht.

»Nee, nicht gerade, ich meine ja auch nur, daß mir Billy so hin und wieder, wenn ich gar nicht mehr weiter kann, einen Tip gibt. Das ist doch nicht verboten.«

Frau Wagener seufzte und setzte sich auf Petras Bett.

»Peter, Peter, das Lernen war ja noch nie deine starke Seite, aber jetzt mußt du dich entscheiden. Entweder willst du lernen, oder du mußt nach der 1. Klasse wieder runter von der Schule. Im Gymnasium machen sie kurzen Prozeß, du weißt das.«

Aber da lachte Petra nur.

»Hab' keine Angst, Mutti! Meinst du, ich will mich vor Billy und Marianne schämen müssen? Ich komme schon mit. Freilich bin ich nicht so gut wie Billy. Billy ist eine Kanone. Billy kann einfach alles. Aber in Deutsch bin ich schon besser geworden, besser als Marianne, Mutti. Du brauchst dir wirklich keine Sorgen zu machen.«

Frau Wagener fuhr Petra übers Haar.

»Das freut mich, Peter. Vati hofft so, daß du später einmal seine Praxis übernehmen wirst, und das kannst du nur, wenn du tüchtig lernst.«

Petra nickte.

»Mutti ... weißt du, ich muß immerzu an unsere Reise denken, darum kann ich nicht einschlafen. Billy war schon mal dort ... es ist zwar schon lange her, aber sie erinnert sich noch an vieles. Es muß wunderschön dort sein, Mutti ... hohe Berge und große Wälder ... und ein Bauernhof, so groß, wie keiner in unserer Gegend. Ich muß immerzu daran denken und stell mir soviel in Gedanken vor, Mutti, daß ich ganz, ganz ...«

» ... daß du an gar nichts anderes mehr denken kannst, nicht wahr?«

»Ja, Mutti. Und ich bin so froh, daß ihr, du und Vati, ja gesagt habt, als Frau Bauer kam und mich einlud zu der Reise. Ich hatte solche Angst, ihr würdet mich nicht mitlassen und denken, ich sei noch ein kleines Kind.«

Frau Wagener lächelte ein wenig.

»Wir haben eben Vertrauen zu dir und wissen, daß du dich bei fremden Leuten anständig benehmen wirst. Aber nun schlaf endlich – sonst geht die Schulaufgabe wirklich daneben! In acht Tagen ist es ja so weit, hab Geduld bis dahin!«

Frau Wagener gab Petra schnell einen Kuß und wollte hinausgehen, da rief Petra noch einmal:

»Mutti ... warum bist du nur so ... so anders? Du hast

Angst, nicht wahr? Du machst dir jetzt schon Sorgen, ich merke das doch. Ich versteh nicht, warum du so ängstlich bist. Wir drei sind doch fast schon halb erwachsen, nicht wahr?«

Frau Wagener schwieg einen Augenblick. Dann sagte sie:

»Schlaf jetzt! Natürlich verstehst du meine Gedanken und Sorgen nicht. Und du wirst es so lange nicht verstehen, bis du einmal selbst Mutti bist und ein kleines Mädchen oder einen kleinen Jungen hast. Mir ist es genauso ergangen. Ich hab nie verstehen wollen, warum meine Mutter sich immerzu ängstigte und sorgte.«

»Mag sein«, sagte Petra nachdenklich und nun auch müde. »Alle Mütter sind so, glaube ich..., du hast wohl recht.«

Frau Wagener löschte das Licht.

»Der Montagmorgen hat schon gut angefangen«, meinte Petra in der Pause nach der ersten Unterrichtsstunde betrübt. »So eine Schulaufgabe! Ich dachte nicht, daß ich jemals fertig werde... wahrscheinlich ist alles falsch.«

Aber da wurde Billy energisch und verlangte Petras Schmierblatt, worauf die Aufgaben standen. Billy verglich sie mit ihren Ergebnissen und strahlte dann Petra an.

»Du tust immer so, als könntest du gar nichts – eine einzige Aufgabe hast du falsch, das gibt eine Zwei – was sagst du nun?«

Petra konnte es gar nicht glauben, und Billy mußte sie erst überzeugen. Dann kannte ihr Jubel keine Grenzen.

»Himmel, bin ich froh!« Sie umarmte Marianne, die neben ihr stand, und gab ihr einen herzhaften Kuß. »Ich sah unsere ganze Weihnachtsreise ins Wasser fallen. Wenn ich eine Fünf geschrieben hätte, wäre mein Vater sehr böse geworden und hätte mich bestimmt nicht mitfahren lassen.«

Zwei Schülerinnen kamen und wollten sich zu den drei Freundinnen stellen, aber die drei hatten in diesen Tagen kein Interesse an Mitschülerinnen.

»Laßt uns allein!« sagte Marianne freundlich, »wir haben miteinander zu reden.«

»Die haben immer Geheimnisse!« riefen die anderen Mädchen. »Immer stecken sie zusammen, die drei, immer tuscheln und lachen sie miteinander! Wir sind euch wohl nicht gut genug, he?«

»Quatsch«, sagte Marianne Althoff, »ganz großer Quatsch. Wir haben eben etwas zu besprechen, was euch nicht interessieren würde. Das ist alles.«

»Eingebildet seid ihr, alle drei!« riefen die anderen Mädchen. »Richtig eingebildet und doof!«

In Petra erwachte der alte Streit- und Raufteufel wieder. Sie drückte schnell ihr Pausebrot Marianne in die Hand.

»Da, halte mal, ich werde den Gänsen schon zeigen, wer doof und eingebildet ist...«

»Nicht«, bat Marianne und hielt Petra am Arm zurück. »Willst du dich raufen wie ein Lausejunge? Du wirst Arrest bekommen...«

»Es ist mir gleich«, schrie Petra, »ich bin nicht doof und nicht eingebildet, und wer das behauptet, den...«

»Schade«, sagte Billy leise, aber Petra hörte es doch, »wirklich schade, und ich freute mich schon so auf die Reise. Aber wenn du nun ein großes Theater mit Rauferei und so machst, wird dein Vater nein sagen zur Reise, und meine Eltern auch...«

Petra schämte sich auch gleich. Sie nahm ihr Brot und biß vor Verlegenheit ein Riesenstück ab.

»Feige seid ihr auch noch«, schrien die anderen Mädchen und lachten sich halb kaputt.

»Laß sie lachen!« sagte Billy, die nie ihre Ruhe verlor. »Lachen ist alles, was sie im Augenblick haben – und wir haben unsere schönen Pläne und die Vorfreude auf die Reise. Ist das nicht mehr?«

Die drei gingen nebeneinander den langen Korridor hinunter und kümmerten sich nicht mehr um die Mitschülerinnen. Petra war recht schweigsam, aber dann ertrug sie es nicht mehr und platzte heraus:

»Schämen sollte ich mich... ich weiß schon, aber wenn jemand so dumm daherredet, dann möchte ich am liebsten alles in Fetzen schlagen. Versteht ihr das eigentlich kein bißchen?

Billy ist immer ruhig. Auch wenn man sie beleidigt hat...,
und die Dicke ist auch nicht so leicht in Wut zu bringen. Was
mach ich nur?«

Marianne dachte darüber nach, dann sagte sie fröhlich:
»Ich hab's. Wenn du so geärgert wirst, daß du alles kurz und
klein schlagen möchtest, dann hol' ganz tief Luft und zähl bis
zehn – nein, lieber bis zwanzig. Du wirst sehen, dann bist du
nicht mehr halb so zornig, und wenn du dann noch ein bißchen wartest, dann ärgert es dich überhaupt nicht mehr, und
du kannst darüber lachen.«

»Meint ihr wirklich?« fragte Petra ein wenig ungläubig,
und da Billy und Marianne ernst nickten, nahm sie sich vor, es
einmal mit diesem Rat zu probieren.

Marianne sah auf die große Uhr an der Wand.

»Seht mal!« rief sie, »in acht Minuten ist die Pause vorüber, und wir haben überhaupt nicht von unserer Reise gesprochen. Alles wegen des blöden Streites.«

Billy und Petra gaben ihr recht.

»Los«, bat Marianne Billy, »erzähl schon! An was erinnerst
du dich noch?«

Und die schwarze Billy bekam ihre großen, geheimnisvol-
len Augen und dachte nach.

»Da waren Rehe im Wald... oder Gemsen... oder waren
es doch Rehe? Ist ja gleich, jedenfalls waren es sehr viele...,
und man konnte ganz nah an sie herankommen, sie waren gar
nicht scheu..., und das dicke, schwarze Pferd hieß Max und
stahl den Zucker aus der Schürzentasche. Mein Vetter Sylvester war damals noch ganz klein und hatte immer ein drecki-
ges Gesicht... das heißt, mein richtiger Vetter ist er ja nicht,
ihr wißt schon...« Billy war ja als kleines Negerkind von ihren jetzigen Eltern an Kindes Statt angenommen worden.

Die Pause war zu Ende, aber die drei hörten die Klingel
nicht. Billy erzählte auch zu schön von einem jungen Fuchs,
den Sylvester aufgezogen hatte.

»Ach, sieh einer an!« ertönte da eine tiefe Stimme hinter
den dreien. »Die Damen wünschen wohl eine Extraeinla-
dung?«

Es war Doktor Krause, der Zeichenlehrer, und die drei bekamen blutrote Köpfe und stotterten.

»Verzeihung... hatten gar nichts gehört... wir verreisen nämlich... alle drei... und da...«

Doktor Krause war sehr beliebt bei den Mädchen, weil er viel Spaß verstand, gerne lachte und selbst die kleinsten Mädchen der Schule wie junge Damen behandelte. »Und da waren die Damen in ihre Pläne vertieft und überhörten so etwas Unwichtiges wie die Klingel zum Unterrichtsbeginn, ich verstehe. Darf ich die Damen jetzt bitten – wenn es nicht allzu sehr stört...«

Die drei hatten ihren Schreck überwunden und kicherten, als sie mit Doktor Krause in das Klassenzimmer traten. Es war ihr Glück, daß sie nun Zeichenstunde hatten. Fräulein Lindner, die Lateinlehrerin zum Beispiel, hätte sie nicht so ohne Strafe gehen lassen.

Im Zeichenunterricht sollten sie frei und locker aus dem Handgelenk üben – ohne jedes Hilfsmittel. Marianne war das heute zu langweilig, und sie malte auf ihr Blatt Berge und viele Bäume und ein Haus, das wohl ein großer Bauernhof sein sollte. Sie gab Billy das Blatt. Billy sah es an und lächelte und gab es an Petra weiter. Petra nickte Billy anerkennend zu und wollte das Blatt unter der Bank verschwinden lassen, aber Doktor Krause hatte es schon entdeckt. Er nahm es Petra aus der Hand und besah es.

»Den Damen wird mein Zeichenunterricht wohl langweilig?« Doktor Krause sah gar nicht mehr spaßig aus.

»Petra Wagener«, sagte er und sah Petra scharf durch seine Brillengläser an, »wie wäre es, wenn du uns allen deine Zeichenkünste an der großen Tafel zeigtest? Komm heraus und zeichne uns einen Wald und Berge und ein Dorf, wie du es auf dem Blatt da hast!«

»Aber ich kann nicht sehr gut...«

»Komm heraus, Petra Wagener!«

Petra wollte nicht petzen, daß Marianne die Zeichnung gemacht hatte, und so entschloß sie sich schweren Herzens, das Gelächter der ganzen Klasse auf sich zu nehmen. Im Zeich-

75

nen war Petra nämlich nicht gut.

Die ganze Klasse lachte dann auch schadenfroh, als Petra versuchte, eine Gebirgslandschaft an die Tafel zu zeichnen. Petra bekam eine fürchterliche Wut, aber zum Glück dachte sie an das, was ihr die Freundinnen geraten hatten. Sie holte ganz tief Luft und zählte langsam. Eins, zwei, drei ... als sie bei zwanzig angelangt war, mußte sie selbst staunen. Sie besah sich ihr »Kunstwerk« an der Tafel und konnte mit den anderen Mädchen lachen.

Als sie an Mariannes Bank vorbeiging, flüsterte diese: »Nun, wie hat es geklappt mit dem Zählen?«

Und Petra nickte glücklich. »Großartig, die ganze Wut war verraucht!«

Auf dem Nachhauseweg sprachen sie schon wieder von ihrer Reise.

»Noch eine Schulaufgabe in Latein, einen deutschen Aufsatz – dann haben wir es geschafft, dann können wir endlich fahren«, sagte Marianne mit einem Seufzer. »Hoffentlich gibt es dort unten Schnee!«

»Mehr als genug«, versprach Billy, und Marianne und Petra hakten sich glücklich bei ihr ein.

Frau Bauer sah die drei Freundinnen über den Marktplatz kommen. Sie lächelte, als sie sah, wie eifrig sie plauderten. Ja, groß waren sie geworden, sogar Billy hatte sich gestreckt und war aus allen Kleidern gewachsen. Petra Wagener sah immer noch ein wenig wie ein Lausbub aus, aber sie hatte gute Manieren bekommen. Und Marianne Althoff, die »Dicky« von ehedem, hatte sich auch sehr gestreckt, aber pummelig war sie immer noch, und ihr sagenhafter Appetit war nicht kleiner geworden. Billy war die zierlichste der drei, und ihre schwarze Hautfarbe war in den letzten zwei Jahren auch nicht heller geworden. Wenn Frau Bauer die rosigen, hellen Gesichter von Petra und Marianne sah, tat ihr immer noch etwas sehr weh, ganz innen, da, wo das Herz ist. Warum mußte Billy ...?

Aber sie sah jedesmal rasch wieder ein, daß daran nichts zu ändern war und daß es im Grunde gleich war, welche Hautfarbe Billy hatte. Im Städtchen wandte sich auch niemand mehr um, wenn die zwei weißen Mädchen mit dem schwarzen in der Mitte daherkamen. Man hatte sich daran gewöhnt, die Leute hatten vergessen, daß sie zu Billy einmal »Negerlein« gesagt hatten.

Tüchtig lernen mußten die drei nun, im Gymnasium. Ihre Begabung und ihre Talente waren wohl verschieden, aber sie hielten auch hier zusammen, lernten eifrig miteinander und hatten sich versprochen, niemals im Leben auseinanderzugehen. Frau Bauer wußte, daß sich auch die Wege der unzertrennlichen drei irgendwann einmal trennen würden, aber sie war froh, daß ihre schwarze Billy gerade diese beiden Mädchen gefunden hatte. Und aus diesem Grund hatte sie den dreien diese Reise zu ihrem Bruder in Südtirol versprochen. Ihr Bruder hatte Kinder lieb, und ihre Schwägerin war eine ruhige, gute Frau, der man getrost drei Mädchen mit elf Jahren für eine Weile anvertrauen konnte.

Billys helle Stimme riß sie aus ihren Gedanken.

»Mutti, Mutti, nun sind es nur mehr neun Tage bis zu unserer Abreise!«

Billy umarmte ihre Mutter und rief ihrer Katze Molly, die auch gleich kam.

»In Mathe hatte ich keinen Fehler, Mutti«, sagte Billy und drückte Molly, »und Petra hatte nur einen einzigen. Marianne wird diesmal wohl eine Drei bekommen, aber dafür schneidet sie in Latein besser ab. Du, Mutti, ich freue mich so ... über alles ... und dich hab' ich ganz schrecklich lieb.«

Frau Bauer nickte Billy freundlich zu. Sie mußte daran denken, wie sie vor vielen Jahren ein kleines Kind hatte zu sich nehmen wollen, eines aus dem Waisenhaus. Und dann war da die kleine Billy gewesen, rabenschwarz und ganz verlassen. Wie gut war es gewesen, daß sie damals Billy genommen hatte, ihre kleine, schwarze Billy, obwohl es für beide erst nicht leicht war.

Endlich, endlich ist es soweit

Pfarrer Althoff stand auf dem Bahnsteig. Neben ihm standen Doktor Wagener und Frau Bauer. Sie sahen alle drei recht ernst und feierlich aus, fanden die drei, die an ihrem Abteilfenster standen.

»Ich könnte fast heulen«, sagte Billy. »Mama ist traurig – sie hat uns diese Reise geschenkt, aber sie ist traurig.«

»Hör auf!« sagte Petra, ihr war auch nicht nach Lachen zumute. »Meine Mutti wollte nicht mit herkommen – darum ist Vati da. Sie hätte ganz sicher geweint.«

»Mutter hat mir einen ganzen Koffer guter Ratschläge mitgegeben«, sagte Marianne, griff nach ihrem Proviantnetz und holte sich einen großen Apfel heraus, aber mit dem Hineinbeißen wartete sie doch noch. »Sie hat Papa gern mitgeschickt, weil sie auf Bahnhöfen immer weinen muß. Das ist nun einmal so, da kann man nichts machen. Sie haben Angst um uns – vielleicht meinen sie, der Zug könnte entgleisen, oder wir verhungerten – entsetzlicher Gedanke! Sag mal, Billy, bei deinem Onkel wird es doch hoffentlich immer genug zu essen geben, wie?«

Marianne sah ganz besorgt aus in diesem Augenblick, und Petra und Billy lachten herzlich.

»Kinder«, sagte soeben Pfarrer Althoff auf dem Bahnsteig, »macht uns keine Schande! Seid nett zueinander, zu anderen und denkt immer daran, daß ihr bei fremden Leuten seid! Dann werdet ihr euch auch immer anständig und wohlerzogen benehmen. Und, Marianne, iß nicht zu viel! Menschen, die dich zum erstenmal essen sehen, müssen ja einen Schreck bekommen!« Die anderen lachten, Marianne verzog das Gesicht und versteckte ihren Apfel. Wenn es nur nicht so gut schmeckte, das Essen!

»Schreibe gleich!« rief Frau Bauer. »Vati läßt dir ausrichten, daß du dich immer warm anziehen sollst – und grüße Onkel Anton, Tante Martha und Sylvester schön...!«

»Iß aus Versehen nicht auch noch Sylvesters Schokolade

auf!« mahnte Pfarrer Althoff, und Zahnarzt Wagener sagte:
»Probiert das Skilaufen nur an kleinen Hängen – ein Knochenbruch kann eine langwierige Sache sein... und erkälte dich nicht, Petra, zieh dich warm an, aber nicht zu warm, und lauf nicht barfuß in der Stube umher, wie du es zu Hause immer machst!«

Da hob der Bahnhofsvorsteher das rote Signal.

»Alles fertigmachen – zurücktreten am Bahnsteig, der Zug fährt ab!«

»Wiedersehen!« riefen die drei, »wir schreiben gleich, und sorgt euch nur nicht, wir passen schon auf!«

Und dann wurde der Bahnsteig immer kleiner und kleiner, und zuletzt war Frau Bauers grüner Hut nur mehr ein Punkt, und dann konnten sie vor lauter weißem Dampf nichts mehr erkennen.

»Blöder Dampf«, sagte Billy mit einer komischen Stimme, »beißt richtig in den Augen!«

Sie wischte sich übers Gesicht und wollte Marianne und Petra nicht ansehen.

Marianne hatte gerade in den Apfel gebissen, aber sie nickte zustimmend und blinzelte merkwürdig. Und Petra sagte ärgerlich:

»Wirklich, da kommen einem die Tränen, so beißt das.«

Und dann waren sie eine ganze Weile sehr still. Aber dann sagte Marianne:

»Wollen wir nun traurig sein, wo wir es endlich geschafft haben? Unsere Eltern sehen wir ja bald wieder – schließlich fahren wir nicht ans Ende der Welt! In drei Wochen sind wir ja wieder zu Hause.«

»Marianne hat recht«, sagte Petra, und endlich konnte auch Billy wieder lächeln.

»Seht mal«, rief Marianne, »wie die Ortschaften vorbeifliegen! In ein paar Stunden werden wir in München sein. Mein Vater hat gesagt, bald schon nach München kann man die Berge sehen.«

»Ja, das stimmt, und sie werden immer größer und schöner. Und zweimal müssen wir über die Grenze, über die österreichische und über die italienische, und ohne das Begleitschreiben von unserer Polizei und unseren Eltern dürften wir gar nicht über die Grenze. So eine Auslandsreise ist schon eine aufregende Sache.«

Sie waren sich alle drei einig, daß sie noch nie so etwas Aufregendes erlebt hatten. Gebannt saßen sie am Fenster und sahen auf die vorbeifliegende Landschaft.

»Auf dem Lerchenhof, bei meinem Onkel, wird deutsch gesprochen«, erklärte Billy, »und im Dorf auch, aber schon in der nächsten größeren Ortschaft leben mehr Italiener als Deutsche, und man spricht italienisch. Ist das nicht interessant?«

»Si«, sagte Marianne, und die beiden anderen lachten über ihre gewaltigen italienischen Sprachkenntnisse.

Die Tür des Abteils ging auf, und herein kam der Zugschaffner. Er war ein freundlicher Herr mit einem Schnurrbart.

»Na, Kinder, hoffentlich fürchtet ihr euch nicht, so allein?«

»Wir? Fürchten?« Die drei waren geradezu empört über diese Zumutung.

»Wir sind schon elf vorbei«, sagte Petra streng.

»Oh, Donnerwetter, schon elf? Na, bis München habe ich euch unter meinen Fittichen, dort übergebe ich euch meinem Kollegen. Ich bin euch beim Umsteigen behilflich, meine Damen.«

»Danke sehr«, sagte Marianne hoheitsvoll, und Petra und Billy nickten ebenfalls. Als sich die Tür hinter dem Schaffner geschlossen hatte, lachten sie laut und lang.

»Ist das ein Vergnügen, zu reisen!« rief Marianne. »Die Reise allein ist schon was wert!«

»Wartet nur ab«, versprach Billy geheimnisvoll. »Wartet nur ab – ich sage jetzt gar nichts mehr, bis wir angekommen sind, aber ich wette, daß euch die Augen aus dem Kopf fallen!«

»Übertreibe nur nicht«, sagte Petra, aber dann bettelte sie genau wie Marianne.

»Sei nicht albern, Billy, erzähl doch noch was ...!«

80

»Also«, sagte Billy feierlich, »da war damals die Sache mit dem neugeborenen Kalb, das keinen Namen hatte...« Marianne und Petra seufzten glücklich und lauschten gebannt Billy, die wieder eine ihrer merkwürdigen Geschichten erzählte.

So verging die Zeit mit Schauen und Erzählen wie im Fluge, Ulm und Augsburg lagen schon hinter ihnen, und nun fuhren sie in den großen Bahnhof in München ein.

Hier half ihnen der freundliche Schaffner, daß sie in den richtigen Zug umstiegen. Er übergab die Mädchen seinem Kollegen, obwohl die drei dagegen protestierten.

»Man könnte meinen«, sagte Marianne, »wir gehörten in den Kindergarten. Als ob etwas dabei wäre, einen Zug zu verlassen und in den anderen einzusteigen. Kleinigkeit das.«

»Na, meine kleinen Fräulein, seht euch mal um!« sagte der freundliche Schaffner, »stehen ja nur über ein Dutzend abfahrbereite Züge herum, und die paar Tausend Reisenden sind für euch natürlich eine Kleinigkeit, wie?«

Die drei sahen sich um. Leute, Leute, wie die Ameisen wimmelten sie durcheinander. Züge, Züge, in jede Richtung fuhren sie. Und ein Lärm und Trubel war das!

»Vielleicht ist es doch besser so«, sagte Billy kleinlaut. »Stellt euch vor, wir erwischen den falschen Zug und kommen in Paris oder Wien oder sonstwo an...«

»Hm... ist schon besser so«, gab auch Petra zu, und Marianne gab dem freundlichen Schaffner die Hand und fragte, ob er vielleicht Appetit auf einen Apfel hätte.

Endlich saßen sie in ihrem Zug mit dem Schild »München – Innsbruck – Bozen – Meran«.

»Jetzt kann nichts mehr passieren. Onkel Anton erwartet uns ja.«

Dann hatten sie keine Zeit mehr für unwichtige Gespräche. Es gab soviel zu sehen, und bald traten auch die Berge aus dem Dunst. Sie waren schneebedeckt, und die Herzen der drei schlugen höher.

Sie waren gut über die zwei Grenzen gekommen, über die österreichische bei Kufstein, über die italienische am Brenner.

Hier konnten sie am Bahnhof lesen: 1372 m. So hoch waren sie gestiegen. Aber dann ging es wieder bergab. Alle Beamten waren freundlich und machten Scherze. Mit ihrem Reisegepäck gab es keine Scherereien. Die Berge waren höher und gewaltiger, und Mariannes Proviantnetz war dünner und dünner geworden. Als sie endlich am Ziel waren, war das Netz leer. Petra und Billy lachten Marianne aus. Sie hatte Obst, sieben Wurstsemmeln, zwei Tafeln Schokolade verzehrt und eine Thermosflasche mit Tee ausgetrunken. Es war unglaublich.

»Ihr mit eurem Spatzenappetit«, verteidigte sich Marianne, »ihr werdet schon sehen, was geschieht. Essen ist die beste Vorbeugung gegen Kälte. Das weiß jedes Kind.«

Die drei waren glücklich mit ihrem Gepäck ausgestiegen. Sie waren die einzigen, die hier den Zug verlassen hatten. Und dann fuhr der Zug davon, der sie so gut und sicher hierher gebracht hatte. Sie standen auf der kleinen Bahnstation und sahen sich um. Berge, Wälder, Schnee. Unwahrscheinlich viel Schnee. Die drei waren sich einig, daß sie noch nie in ihrem Leben so viel Schnee gesehen hatten. Aber weit und breit war kein Onkel Anton zu sehen, der sie am Bahnhof abholen sollte. Auch der Bahnhofsbeamte war verschwunden. Einsam und verlassen lag der kleine Bahnhof da.

»Bist du sicher, daß wir hier richtig sind?« fragte Petra mißtrauisch. »Hier ist ja nicht einmal ein Dorf in der Nähe, überhaupt kein Mensch. Nur diese komische Hütte von einem Bahnhof und Schnee.«

Billy war sicher, daß sie an Ort und Stelle waren. Aber Onkel Anton war immer noch nicht zu sehen.

»Wißt ihr«, sagte Billy, und ihre Stimme klang nicht mehr so fröhlich, »in dieser Gegend kann allerlei passieren. Vielleicht war der Weg zugeschneit, und Onkel Anton hat sich mit Schneeschaufeln verspätet, oder der alte Max lahmte plötzlich, oder ...«

»Oder?« fragte Marianne, und Billy gab kleinlaut zu: »Jetzt weiß ich auch nichts mehr. Wir müssen eben warten.«

Sie warteten und warteten. Der viele Schnee ringsum war zu verlockend. Also wurde gleich eine zünftige Schneeballschlacht veranstaltet; jeder gegen jeden. So ein Gelächter und Gekreische hatte die alte Bahnhofshütte wohl schon lange nicht gehört. Doch dann wurde es mit einem Schlag dämmrig. Ein kalter Wind kam auf. Die drei begannen zu frieren.

»Ihr braucht keine Angst zu haben«, sagte Billy, als sie sich auf die schmale Holzbank in dem winzigen Warteraum gesetzt hatten. »Onkel Anton kommt bestimmt bald.«

»Es wird aber dunkel«, sagte Petra. Die drei sahen sich um. Die Berge hatten schon richtig lange Schatten. Weit und breit war kein Licht zu sehen. Nur der Schnee glitzerte.

»Schlafen darf man nicht«, sagte Marianne plötzlich. Sie hatte eine ganz weiße Nasenspitze und sah sich ängstlich nach allen Seiten um. »Mein Papa sagte, nichts ist gefährlicher, als im Schnee einzuschlafen; man erfriert dann nämlich, ohne es zu bemerken.«

Billy schwieg und rückte näher an Marianne heran.

»Vielleicht hat dein Onkel keine Ahnung, daß wir hier sind«, sagte Petra. »Können wir nicht bis zum Lerchenhof laufen?«

Billy schüttelte entsetzt den Kopf.

»Jetzt – wo es gleich pechschwarze Nacht ist? In diesen Schneemassen? Wir würden ja schon nach fünf Minuten den Weg verloren haben und umherirren. Nein, hier müssen wir warten.«

Sie schwiegen alle drei. Ein großer, bleicher Mond kam hinter den Bergen hervor.

»Ich friere«, sagte Billy kläglich. »Wenn ich an einen warmen Ofen denke, wird mir ganz komisch.«

»Wenn ich an eine Suppe denke«, sagte Marianne, »an eine heiße, dicke, gute Suppe ... ach Billy, was tun wir nur? ... Sollten wir vielleicht rufen?«

Da fing Billy plötzlich zu weinen an. Marianne und Petra waren ratlos. Sie versuchten Billy zu trösten, aber sie weinte immerzu.

»Er hat das Telegramm nicht bekommen ... bis morgen früh sind wir tot, ganz tot ... erfroren.«

»Rede doch nicht so! So etwas sagt man nicht! Dein Onkel

Anton kommt bestimmt, wir müssen Geduld haben.« Petra war richtig wütend. Aber dann wußte keine mehr, wie es eigentlich geschehen war, mit einemmal weinten sie alle drei.

»Wir dürfen nicht hier sitzenbleiben«, schluchzte Marianne, »wir müssen umherlaufen, bis uns warm wird.«

»Und wenn Onkel Anton erst morgen früh hier ankommt?« Petra zitterte vor Kälte, und Billy weinte nur noch lauter bei Petras Worten. Sie wußten nicht, wie lange sie so gesessen hatten, eng aneinandergedrückt, zitternd und frierend, als Petra, die sich draußen auf dem kleinen Vorplatz ein wenig warmtrampeln wollte, rief: »Ein Licht, ein Licht!« Auch die anderen beiden sprangen hinaus. Wahrhaftig, ein Licht in der Ferne, dann hörten sie erst dünnes und dann deutliches Schellengeläute und bald dumpfes Pferdegetrappel.

»Onkel Anton, Onkel Anton!« schrie Billy und wischte sich hastig die Tränen ab.

»Haaallloooo!« kam eine tiefe Stimme aus Nacht und Schnee. »Haaallloooo, gleich bin ich bei euch!«

Auch Marianne und Petra wischten sich schnell die Tränen ab.

»Niemand darf es erfahren«, sagte Petra. »Wenn wir sagen, wie ängstlich wir waren, werden wir nur ausgelacht. Wir wollen keinem sagen, daß wir geheult haben vor Angst, nicht wahr?«

»Ganz klar«, sagte Marianne, »wir tun so, als sei es gar nichts Besonderes gewesen, da zu warten.«

Onkel Anton war vom Schlitten gestiegen und kam nun dahergestampft. Er war ein großer Mann, mit einer Pelzmütze und einem dicken, pelzgefütterten Mantel angetan. Seine Stimme war weithin vernehmbar.

»Hallo, ihr Mädchen? Ihr werdet doch keine Angst gehabt haben? Max verlor ein Hufeisen, und ich mußte ihn neu beschlagen lassen... hat eine Weile gedauert, ihr Kinder. Steigt ein, ihr drei!«

Er gab Billy einen herzhaften Kuß und reichte Marianne und Petra die Hand. Die drei standen da und staunten. Vor den Schlitten war ein kräftiger, glänzender Rappe gespannt, der nun ungeduldig im Schnee scharrte.

»Hallo, Max?« sagte Billy und legte ohne Angst ihre dünnen Arme um den Pferdehals. »Erkennst du mich noch?«

Zur Antwort schnaubte und wieherte das Pferd.

»Max vergißt nichts«, lachte Onkel Anton. »Nun hinauf mit euch, Kinder! Tante Martha wartet mit dem Essen.«

Petra und Marianne streichelten auch – erst noch ein wenig vorsichtig – den Pferdehals, dann half ihnen Onkel Anton auf den Schlitten und verstaute die Koffer. Onkel Anton sah wohl in den etwas verschmierten Gesichtern der Mädchen die Tränenspuren, aber er sagte nichts. Ihm gefiel es, wenn Kinder tapfer waren. Und die drei waren tapfere Mädchen. Es machte gar nichts, wenn sie ein wenig geweint hatten. Schließlich hatte er sie warten lassen müssen, in einer Gegend, die ihnen in der Finsternis unheimlich sein mußte.

»Morgen werdet ihr mehr sehen«, sagte er, als sich der Rappe in Bewegung setzte. »Morgen habt ihr Zeit, euch den Hof und die Umgebung in Ruhe anzusehen. Sylvester ist vor Ungeduld schon ganz krank. Er will euch alles zeigen in Hof, Wald und Bergen, was interessant ist. Kinder, werden das Ferien, werden das Feiertage!«

Die drei schlüpften unter die Decke, die Onkel Anton ihnen gegeben hatte. Sie waren mit einemmal so schläfrig. Der Mondschein ringsum, das dumpfe Pferdegetrappel, Onkel Antons beruhigende, tiefe Stimme ... Sie schliefen ein, ohne es zu wollen, alle drei fest und ruhig.

Auf dem Lerchenhof warteten Tante Martha und Sylvester.

»Martha«, sagte Onkel Anton, »heute wirst du dein Abendbrot allein essen müssen ... deine Gäste schlafen wie Murmeltiere im Winter. Ich mußte sie an die zwei Stunden warten lassen. Sie haben gefroren und sind vor Angst ganz erstarrt gewesen.«

»Die armen Dinger«, sagte Tante Martha. Und dann sorgte sie dafür, daß die drei ganz rasch in ihre Betten kamen. Billy und Marianne wurden überhaupt nicht mehr wach. Nur Petra spürte in ihrer Schlaftrunkenheit, daß sie getragen wurde, und sie öffnete ein wenig die Augen. Sie sah eine helle, warme

Stube, einen riesigen Kachelofen und einen Jungen in ihrem Alter etwa, der sie neugierig anstarrte. Es roch herrlich nach Bratäpfeln, aber sie wurde nicht richtig wach, dafür war sie zu müde. Schon war sie wieder fest eingeschlafen, als Tante Martha sie auskleidete und in ihr Bett legte und fürsorglich zudeckte.

Der Lerchenhof

Billy erwachte als erste an diesem Morgen. Sie sah sich um und fand sich gleich wieder zurecht. Tante Martha hatte ihnen also das große Eckzimmer gegeben, von wo aus man den ganzen Hof übersehen konnte und den dunklen Bergwald.

Die Sonne schien freundlich und fast warm. Billy sprang aus dem Bett und stieß ein Fenster auf. Der Hof war schon lange vor ihr erwacht. In den Ställen unten war ein Rumoren und Brüllen zu hören. Sylvester, der Vetter, kam gerade aus der Stalltür. Barry war bei ihm, der zottige Bernhardiner.

»Hallo, Sylvester?« rief Billy, und der Junge sah zu ihr herauf und winkte.

»Ich dachte schon, ihr würdet heute überhaupt nicht mehr aufwachen! Wollt ihr nicht endlich zum Frühstück kommen?«

Billy legten sich von hinten zwei Hände auf die Schultern.

»Na hör mal«, sagte Petra, »wolltest du uns vielleicht noch den ganzen Tag verschlafen lassen? Du hättest uns gleich wecken müssen!«

»Ja«, sagte Marianne, »Billy dachte sich wohl, wir sollen weiterschlafen, und sie kann den ganzen Hof allein haben.«

Billy merkte aber, daß die beiden nicht böse waren, sondern nur Spaß machten, und da streckte sie ihnen die Zunge heraus.

»Kommt doch schon!« schrie Sylvester im Hof. »Ihr könnt ja nicht bloß schlafen bei uns. Schlafend seid ihr zu uns gekommen, und jetzt geht's schon bald auf Mittag. Schaut, daß ihr runterkommt. Bis ihr alles gesehen habt, wird es ja wieder Nacht! Und dabei wollte ich euch schon heute nachmittag ein wenig Skilaufen beibringen ... und die Hütte wollte ich euch zeigen ... meine Hütte im Wald oben ... und ...«

Billy gab Sylvester vor Aufregung gar keine Antwort. Sie warf das Fenster zu und tanzte ausgelassen durchs Zimmer. »Habt ihr gehört? Skilaufen will er uns beibringen ... und seine Hütte will er uns zeigen und ... und ... beeilt euch doch schon!« Aber da sagte Petra: »Nun, unser Einzug hier gestern nacht war ja keine Heldentat. Ich habe gar nicht gleich gewußt, wo ich bin, als ich vorhin aufgewacht bin.« »Ich auch, ich auch«, riefen Billy und Marianne wie aus einem Munde. »Nun müssen wir schleunigst hinuntergehen«, sagte Billy, und die drei dachten wohl, daß es einmal gar nichts ausmachte, wenn sie sich mit dem Waschen etwas beeilten. Aber da ging die Tür auf, und Tante Martha stand vor ihnen. Ihre Augen entdeckten sofort, was hier gespielt wurde, doch erst holte sie herzlich und ohne viele Worte die Begrüßung von gestern abend nach.

Dann aber sagte sie: »Wollt ihr euch wohl gründlich waschen? Katzenwäsche gibt es nicht, meine Damen! Gestern abend ward ihr so müde, daß ich euch sowieso ungewaschen ins Bett stecken mußte ... aber nun wird das gründlich nachgeholt. Und zieht euch warm an, Sylvester hat viel vor mit euch!«

Die drei gaben seufzend nach und wuschen sich folgsam. Warmes Wasser gab es freilich nicht, wie sie es gewöhnt waren. Das Brunnenwasser, das ihnen Tante Martha gebracht hatte, war eiskalt und brannte auf der Haut. Aber als sie sich fest abfrottiert hatten, wurde ihnen angenehm warm.

»Hab ich einen Hunger«, stöhnte Marianne. »Ich glaube, ich bin zu schwach, um noch die Treppe hinunterzukommen ... bin kurz vor dem Verhungern!«

Aber sie schaffte es doch und kam über die schmale, steile, dunkle Treppe gut nach unten in die warme Wohnstube.

Auf dem blankgescheuerten Tisch stand ihr Frühstück bereit. Dampfend heiße Milch, duftendes selbstgebackenes Weiß- und Schwarzbrot, gelbe Butter und ein großes Glas bernsteinfarbener Honig. Marianne lief das Wasser im Mund zusammen, sie gab ganz schnell Onkel Anton die Hand und setzte sich an den Tisch.

»Darf ich anfangen?«

Tante Martha lachte. Ihr gefiel es, wenn es Kindern schmeckte. Ihr Sylvester hatte auch immer Appetit.

Billy und Petra aber sahen sich erst einmal in der großen Stube um. Schön war es hier, ganz anders als zu Hause, aber wunderschön. Ein riesiger Kachelofen erwärmte die Stube, und ringsum zog sich eine Holzbank. Billy entdeckte gleich die zwei Katzen, die sich unter der Bank wärmten. Als sie das erste Mal auf dem Lerchenhof war, waren sie noch nicht dagewesen. An der Wand über dem Tisch hing ein großes Kruzifix, das mit Tannengrün geschmückt war. Petra interessierte sich besonders für das schöne, buntbemalte Bauerngeschirr in den Regalen und auf dem Tisch, an dem es sich die drei schmecken ließen.

Was sie da alles zu erzählen hatten, wenn sie nach Hause kamen! Nur gut, daß ihr Deutschlehrer nicht wußte, wo sie waren. Er ließe sie sonst gleich nach ihrer Rückkehr einen Aufsatz schreiben, mit dem Thema: Unsere Weihnachtsferien auf dem Lerchenhof in Südtirol.

Sylvester kam mit Barry herein. Die drei Mädchen sprangen auf, als sie den großen Hund mit dem dicken Kopf und dem zottigen Fell sahen, begrüßten kaum den Jungen und umringten dann den Hund, streichelten und kraulten ihn, und Billy drückte ihren Kopf an seinen dicken.

»He, ich bin auch noch da«, sagte Sylvester etwas ärgerlich. »Ihr seht wohl nur den Hund!«

»Entschuldige, Sylvester«, lachte Billy und gab ihrem Vetter die Hand.

»Natürlich sehen wir dich und freuen uns, daß du da bist und dich um uns kümmern wirst – aber sieh mal, Barry ist ein so lieber Hund, und Bernhardiner sind in den Städten fast ausgestorben.«

Auch Marianne und Petra gaben Sylvester die Hand. Sie dachten beide, daß der Junge, der zwölf Jahre alt war, ganz in Ordnung sei, und Billy nicht übertrieben hatte. Er sah aus, als könnte man mit ihm Pferde stehlen. Er hatte fast so viele Sommersprossen wie Petra und einen flachsblonden Haarschopf.

»Seid ihr endlich fertig mit dem Frühstück?« fragte Sylvester ungeduldig. »Mutter sagte doch, ich soll euch erst in Haus und Hof alles zeigen – da wird es ja Mittag. Ich frage mich nur, wann wir da zur Hütte wollen, und Skilaufen soll ich euch auch noch ein wenig beibringen, weil es heute so schön draußen ist.«

»Na«, meinte Tante Martha, »morgen ist auch noch ein Tag, und die Mädchen bleiben ja drei Wochen hier. Ihr habt also genügend Zeit, euch eines nach dem anderen vorzunehmen.«

»Skier habe ich schon besorgt für euch«, sagte Sylvester und sah Petra dabei an. Petra gefiel ihm nämlich. Sie sah fast aus wie ein Junge und hatte so lustige Augen, und außerdem machte sie den Eindruck, als sei sie keine Zimperliese.

»Wo fangen wir an?«

»In den Ställen!« riefen alle drei wie aus einem Mund. »Bitte zeige uns gleich die Ställe!«

Aber Tante Martha meinte, Sylvester solle ihnen erst einmal das Haus zeigen. So ein altes Südtiroler Bauernhaus sei ja etwas sehr Schönes.

Sylvester führte sie überall umher, vom Boden bis zum Keller. Das ganze Haus war angefüllt mit alten, buntbemalten und naturfarbenen Bauernmöbeln, und die drei waren sich einig, daß Tante Martha recht gehabt hatte, als sie sagte, ein Bauernhaus, ein richtiges, altes, sei fast wie ein kleines Museum und genauso interessant. Endlich waren die Ställe an der Reihe. Die vier gingen erst durch die große Scheune, wo es so angenehm nach Heu und Sommer duftete. Ganze Berge Kartoffeln und Rüben lagen in den Vorratskammern, und Hühner, Gänse und Enten gab es in Mengen. Barry begleitete sie überall hin, er wich nicht von Sylvesters Seite, ließ es sich aber gern gefallen, daß ihn die Mädchen zärtlich streichelten.

Der Kuhstall war groß und sauber, modern eingerichtet, nicht so, wie sie sich immer einen Kuhstall vorgestellt hatten. Aber Sylvester erklärte ihnen, daß viel Licht und Luft und Sonne und Sauberkeit wichtig seien für das Vieh – genau wie für den Menschen.

»Im Sommer sind unsere Kühe auf den Almwiesen oben«, erklärte ihnen Sylvester, »das bekommt ihnen prima. Und seitdem die Bauern die alten, dunklen und muffigen Ställe hell und luftig umgebaut haben, gedeihen die Kühe viel besser und geben mehr Milch. Es gibt kaum noch krankes Vieh.«

Sylvester sprach wie ein kleiner Bauer, und Marianne fragte ihn, ob er einmal ein solcher werden wolle. Sylvester wurde richtig verlegen.

»Vater möchte es schon«, sagte er und streichelte die stattliche gelbgefleckte Leitkuh Lisa. »Aber ich ... ich möchte viel lieber Brücken bauen und Autostraßen und so ...«

Die drei wußten, daß Sylvester nach Bozen ins Gymnasium fuhr. Jeden Tag, ob Sommer oder Winter, und daß es ein anstrengender Weg war.

»Du könntest doch Tierarzt werden«, schlug Billy vor, »und nebenbei den Hof führen.«

»Nebenbei? Habt ihr eine Ahnung!«

Die drei sahen ein, daß sie gar keine Ahnung von einem so großen Hof hatten und welche Arbeit er machte.

»Im Winter helfen uns nur die alte Marie und Xaver, der alte Knecht, aber im Sommer brauchen wir noch mehr Leute. Man kann das nicht nebenbei machen ...«

»Das sehe ich jetzt ein, Sylvester«, sagte Billy, »es war dumm von mir und unüberlegt. Aber so groß hatte ich eueren Hof gar nicht mehr in Erinnerung. Ich war halt damals doch noch ein kleines Mädchen.«

Schweine gab es wohl ein Dutzend, lauter fette, rosige Schweine und viele quietschende Ferkel, aber die Mädchen beeilten sich, aus dem Schweinestall zu gelangen. Es roch hier nicht gerade angenehm. Sylvester lachte, als er ihr Naserümpfen sah.

»Ja, sie schmecken besser als sie riechen!«

Nun betraten die vier den Pferdestall. Der alte Max stand ruhig und geduldig in seiner Box. Er schien zu wissen, daß er sein Gnadenbrot erhielt, daß ihm nichts geschehen konnte und daß er von allen geliebt und verwöhnt wurde. Zutraulich rieb er seinen Kopf an Petras Schulter.

Zwei junge Pferde, Haflinger nannte sie Sylvester, hatten ihre Boxen neben Max. Sie waren, wie Sylvester sagte, noch rechte Springinsfelde, noch zu keiner Arbeit zu gebrauchen, die viel lieber auf den Weiden herumtobten. »Falls ich wirklich einmal den Hof übernehme«, sagte Sylvester, »werde ich Pferde züchten ... viele Pferde. Ich mag sie sehr.« Er sah die Mädchen nicht an, als er das sagte, fast so, als schäme er sich, das zuzugeben.

Die drei aber hatten keine Zeit für Sylvester. Sie hatten in einer Box einen Esel entdeckt, einen richtigen, grauen Esel, wie sie ihn noch nie gesehen hatten – außer auf Abbildungen.

»Das ist Katharina«, sagte Sylvester und tätschelte dem Esel den Rücken. »Er gehört mir – mir ganz allein. Und er gehorcht auch nur mir. Mein Vater hat ihn mir zu meinem sechsten Geburtstag geschenkt. Im Sommer führe ich ihn jeden Tag auf die Weide, und er geht mit keinem anderen.«

»Wie schön! An den Esel kann ich mich noch gut erinnern. Er hat mir gleich gut gefallen«, sagte Billy und hatte ganz verträumte Augen. »Wir beneiden dich, Sylvester – nicht wahr, wir beneiden ihn alle?!.«

»Ja«, sagte Petra ein wenig traurig. »Wenn ich an unsere kleine Wohnung denke, an die Straßen und Autos, an das winzige Gärtchen mit dem einzigen Kirschbaum, dann ... dann wünschte ich, ich wäre du. Einen Esel kann man beim besten Willen nicht in einer Stadtwohnung haben. Nicht einmal einen Hund wie Barry.«

»Kaninchen habe ich«, sagte Marianne. »Kaninchen und Katzen, und mein Bruder Hans hat zum Geburtstag einen Zwerghahn geschenkt bekommen ... aber einen Esel, einen richtigen?«

»Katharina bekommt bald einen kleinen Esel«, sagte Sylvester, »vielleicht schon in den nächsten Tagen. Ich schenke ihn euch – euch allen dreien.«

Sie waren begeistert, aber dann sagte Petra vernünftig und entschieden:

»Das ist sehr lieb von dir, Sylvester, aber es geht nicht. Es ist ganz unmöglich. Marianne hätte vielleicht Platz, die Althoffs haben einen großen Garten und einen Schuppen. Aber es gibt keine Weiden bei uns, und Frau Althoff hat soviel Arbeit mit den Zwillingen und überhaupt . . ., es geht eben nicht, Sylvester.«

»Dann laßt ihr ihn eben hier, aber er soll euch gehören. Ich pflege ihn für euch, und meine Mutter hat gesagt, daß ihr nun vielleicht alle Jahre kommt, wenn es euch bei uns gefällt, dann seht ihr ihn ja. Ihr gebt ihm einen Namen, und ich schreibe euch immer, wie es ihm geht. Einverstanden?«

Die drei waren begeistert, dann fingen sie sofort an, sich um den Namen zu streiten.

»Moritz soll er heißen«, schlug Billy vor, und sie war ganz energisch und bereit, den Namen zu verteidigen. »Moritz ist ein schöner Name für einen Esel.«

»Ach Unsinn«, sagte Marianne, »ich las einmal von einem Esel, der Peppo hieß. Peppo nennen wir ihn, das ist viel schöner.«

»Ich bin dagegen«, meinte Petra. »Ich denke, wir heißen ihn Augustin.«

Marianne und Billy lachten. Sie kannten ja Petras Schwäche für ausgefallene und komische Namen. Sie dachten noch immer an die Sache mit »Elsa«, Petras Katze.

Im Nu sah es so aus, als sei alle Eintracht schon am ersten richtigen Ferientag vorbei. Sie stritten sich lautstark, bis endlich Sylvester sagte:

»Und wenn es nun eine kleine Eselin wird? Was ist dann mit Peppo und Augustin und Moritz?«

Die drei starrten Sylvester an, dann lachten sie und gaben ihm recht.

»Warten wir es also ab. Und damit wir uns nicht wieder streiten, soll Sylvester einen Namen vorschlagen – einverstanden?« Marianne hatte den Vorschlag gemacht, und Petra und

Billy waren darüber glücklich.

Als sie aus dem Stall kamen, sagte Petra:

»Und nun zeig uns noch den kleinen Fuchs, den du gefangen hast, Sylvester! Billy hat uns soviel darüber erzählt.«

»Ach«, sagte Sylvester, »das ist lange her.« Es sah aus, als spreche er gar nicht gern über den Fuchs. Petra aber gab keine Ruhe.

»Los, erzähl doch schon! – Wo hast du ihn?«

»Ich hab' ihn nicht mehr.« Sylvester sah fast zornig aus, aber nun bohrten sie alle drei.

»Bitte, Sylvester, sei doch nicht so!«

Sylvester sah sich um, ob niemand in der Nähe war.

»Könnt ihr schweigen? Man sagt, Mädchen könnten ihren Mund nicht halten und kein Geheimnis für sich behalten!«

»Das ist nicht wahr!« sagten die drei böse. »Das ist eine glatte Lüge. Wir halten immer unseren Mund. So etwas behaupten nur Jungen, die Mädchen nicht leiden können.«

»Also, die Sache war so«, sagte Sylvester leise. »Hansi, mein junger Fuchs, fing an zu stehlen. Er stahl ganz schlimm, wirklich . . . in einen kleinen Stall wollte ich ihn nicht sperren, und so hatte er eben zuviel Freiheit, und ein Fuchs bleibt eben ein Fuchs, ein kleiner Räuber . . .«

»Das wissen wir«, sagte Petra ungeduldig, »weiter . . .«

»Hansi stahl die Eier aus den Nestern und . . . und er stahl auch Hühner eines Tages, leider.«

»Und? Und dann?«

»Da sagte mein Vater, er müsse ihn erschießen.«

»O, der arme Hansi!«

Die Mädchen wurden ganz traurig. Es war eben die Art eines Fuchses, Hühnerbraten zu lieben. Sie aßen ja auch sehr gern ein gebratenes Hühnchen.

»Und hat Onkel Anton Hansi erschossen?« fragte Billy voller Mitleid.

»Großes Ehrenwort, daß ihr schweigt wie ein Grab!«

»Ehrenwort«, sagten die drei.

»Ich schwindelte«, sagte Sylvester. »Ich sagte, Hansi sei gestorben, und als sie fragten, wo der tote Hansi sei, da sagte ich,

ich hätte ihn vor lauter Traurigkeit ganz rasch begraben.«

»Und?« Marianne schrie es fast. »Und was ist wirklich geschehen? Wo ist Hansi jetzt?«

»Dort!« Sylvester deutete zum Wald hinauf. »Dort oben lebt er nun. Es war schlimm am Anfang. Er hat zu lange bei den Menschen gelebt und hat mich gern gehabt. Ein paar Wochen lang kam er jeden Abend zu mir, und ich mußte ihn verstecken und aufpassen, daß ihn niemand fand. Zugeredet hab ich ihm, hab ihm erklärt, wie gefährlich es sei, aus dem Wald zu kommen. Mein Vater hätte ihn bestimmt erschossen ... schon wegen der Hühner, und der Förster und die Jäger hätten ihn auch erschossen. Aber dann traf er wohl eine Füchsin, die gescheiter war als er. Eines Tages kam er nicht mehr herunter ... aber ich weiß, daß er lebt und daß es ihm gut geht. Wenn ich allein im Wald bin, in der Hütte oben, dann seh ich ihn oft. Er kommt nicht mehr heran, wenn ich ihn rufe, und fast bin ich darüber froh.«

»Du ... du bist ein guter Junge«, sagte Billy. »Man muß den Tieren helfen ... und den Menschen auch.«

Tante Martha kam in den Stall, und die vier verstummten rasch.

»Nun, eine Verschwörung? Ihr ward jetzt lange genug in den Ställen – kommt heraus an die Sonne! Es ist ein wundervoller Tag heute – fast so, als würde es Frühling. Wenn ihr mir versprecht, gut aufzupassen und nur auf dem Hang zu üben, könnt ihr bis zum Mittagessen ein wenig Skilaufen!«

Die Mädchen sagten freudig zu, und Sylvester meinte großtuerisch: »Hab nur keine Angst, Mutter, es passiert schon nichts. Wir gehen nur auf den Idiotenhügel.«

Die drei sahen sich an und schwiegen verschnupft. Idiotenhügel! Allerhand!

Sylvester brachte die Skier, und dann machten sie sich auf den Weg, hinüber zum Wald. Die Mädchen schwiegen immer noch.

»Was habt ihr nur?« fragte Sylvester ahnungslos. »Ihr wolltet doch so gern Skilaufen – und nun macht ihr Gesichter wie drei Tage Regenwetter!«

»Es war nicht nett von dir«, sagte Billy.

»Es war fast eine Gemeinheit«, stimmte Petra zu, und Marianne sagte: »Es war unverschämt, basta.«

»Ja, aber was denn nur! Was war gemein und unverschämt und nicht nett?«

»Die Sache mit dem Idiotenhügel«, sagte Marianne beleidigt. »Zum Idiotenhügel wirst du uns führen, hast du Tante Martha gesagt – und du hast uns damit gemeint. Wir sind für dich also nichts weiter als ...«

»Halt!« rief Sylvester lachend, »seid doch nicht so, nicht gleich so beleidigt. Dabei habe ich mir doch gar nichts gedacht. Der Hügel heißt wirklich so – Ehrenwort! Das hat mit euch nichts zu tun. Jeder bei uns nennt den Hügel vor dem Wald den Idiotenhügel, weil man dort ganz gefahrlos Skilaufen kann – auch ein Anfänger. Und weil im Februar und März dort die Wintergäste mit ihrem Skilehrer üben ... lauter Anfänger, wißt ihr? Die stellen sich manchmal an ...«

Die drei lachten endlich wieder mit. »Wenn das so ist!«

»Bestimmt!«

Sylvester blieb plötzlich stehen und deutete zum Wald hinauf, der gewaltig und fast ein wenig drohend zu ihnen herabsah.

»Von hier aus könnt ihr sie sehen, meine Hütte!«

Die Mädchen blickten angestrengt zum Wald hinauf. Aber sie sahen nichts als Wald und Schnee.

»Doch«, beharrte Sylvester, »ein Stück vom Dach ist zu sehen.«

»Ist es wirklich deine Hütte?« fragte Marianne. Sylvester drückte ein wenig herum.

»N-nein, nicht direkt, ich nenn sie nur so. Sie gehört eigentlich dem Förster. Winterfutter bewahrt er darin auf, und manchmal übernachten die Waldarbeiter darin, aber ich habe die Erlaubnis, jederzeit dort zu schlafen. Ich war schon ein paarmal mit Barry über Nacht dort oben. Es ist sehr schön – besonders in der Frühe, wenn der ganze Wald noch dampft und voller Dunst ist. Die Rehe kann man von dort aus beobachten, manchmal auch einen Hirsch ... und wenn man ein

Fernglas hat, sieht man bei aufkommendem Regenwetter die Gemsen in den Bergen und die Murmeltiere auf den Hochweiden.«

»Herrlich ... und du hast schon ganz allein dort oben geschlafen?«

»Ja – mit Barry natürlich. Es passiert doch nichts.«

Die drei bekamen großen Respekt vor Sylvester. Er kannte wohl gar keine Angst!

Sie marschierten mit ihren Skiern auf dem Rücken durch das kleine Dorf. Die buntbemalten Häuser lagen freundlich in der Wintersonne, und der Schnee glitzerte, daß die Augen schmerzten. Als sie an dem kleinen Kirchlein vorübergingen, blieb Billy plötzlich stehen.

»Hört mal, was ist das?«

»Unser Pfarrer spielt die Orgel«, sagte Sylvester.

Die Mädchen hörten eine Weile dem Orgelspiel zu, dann gingen sie mit Sylvester weiter – nur Billy blieb noch stehen. Sie öffnete ein wenig die Kirchentüre und sah in das dunkle Innere. Nun war das Orgelspiel laut und deutlich zu hören. Es war Billy, als hätte sie nie etwas Schöneres und Innigeres gehört.

»Nur hereinspaziert, meine Dame«, sagte plötzlich eine kräftige Männerstimme, und Billy erschrak so sehr, daß sie die Tür zufallen ließ und hinter den anderen herrannte.

Marianne und Petra hatten gar nicht bemerkt, daß Billy zurückgeblieben war, aber Sylvester ging nun neben ihr und sagte leise:

»Wenn du willst, gehen wir heute abend in die Kirche. Unser Pfarrer hat nichts dagegen, wenn wir ein wenig zuhören. Er spielt jeden Abend ... du magst es, nicht wahr?«

Billy nickte. »O ja – es war wundervoll ... so ... so unbeschreiblich, ich weiß nicht, wie ich es nennen soll. Aber ich hatte mit einemmal Sehnsucht nach irgendwas.«

Sylvester hob die Schultern. Er verstand nicht recht, was seine schwarze Kusine meinte.

Auf dem Hang dann stellte sich heraus, daß Skilaufen weitaus schwieriger war, als sie gedacht hatten. Marianne und

Billy standen wackelig und ängstlich auf den Brettern. Es war schon schwierig auf ebenem Boden zu laufen – wie sollten sie nur den Hang hinunterkommen! Er hatte so harmlos ausgesehen, und nun erschien er ihnen wie ein gefährlicher Steilhang.

»Stellt euch nebeneinander, es kann gar nichts passieren!« schrie Sylvester vergnügt. Es machte ihm wohl großen Spaß, den Skilehrer zu spielen.

»Auf los geht's los – also, aufgestellt! Achtung, fertig, los!«

Petra sauste den Hang hinunter in fast vorschriftsmäßiger Haltung – aber Billy und Marianne kamen nicht weit. Sie verloren das Gleichgewicht. Marianne fiel nach hinten, Billy ließ sich schnell nach vorne fallen, als es ihr die Beine wegzog. Schließlich saßen beide auf einem gewissen Körperteil und sahen dumm in die Sonne.

»Au«, sagte Marianne, »mein Po ... ich bestehe sicher nur noch aus grünen und blauen Flecken.«

Sylvester lachte, Petra lachte. Sie kam jetzt wieder herauf zu den anderen und setzte richtig einen Ski neben den anderen.

»Du kannst nicht schlecht fahren«, sagte Sylvester zu ihr und nickte zufrieden. »Noch ein wenig Übung und du läufst so gut wie ich.«

Petra strahlte glücklich.

»Weißt du, ich lernte es schon, als ich fünf Jahre war, aber viel Gelegenheit gibt es bei uns zu Hause nicht.«

Billy und Marianne waren gekränkt.

»Du bist nicht ehrlich! Immer hast du uns glauben lassen, daß du nicht laufen kannst ...«

»Seid doch nicht gleich beleidigte Leberwürste!« rief Petra. »Überraschen wollte ich euch, versteht ihr das nicht?«

Billy sagte mürrisch: »Na ja, dann ...«

Und Marianne rieb sich immer noch die Rückseite.

»Eines weiß ich: Eine Skikanone werde ich nie!«

Sie lachten miteinander, und dann nahmen Petra und Sylvester Billy und Marianne unter ihre Obhut. Sie schwitzten in der Sonne, und es ging hangauf, hangab, bis die Glocken Mittag läuteten, und Marianne vor Freude ihren Skistock in die Luft warf.

»Schluß mit der Schikaniererei! Mittag ist es! Es soll Tiroler Speckknödel und Krautsalat geben ... ich sterbe vor Hunger.«

Die Waldhütte und die seltsame Spur

Gleich nach dem Essen zogen die vier los. Barry durfte sie begleiten. Billys Tante Martha sagte sogar, daß die Kinder ohne Barry nicht zur Hütte dürften. Barry war ein guter Wächter. Der Schnee war sein Element. Je tiefer der Schnee wurde, um so wohler fühlte er sich.

Sylvester trug einen Rucksack mit Proviant. Marianne hatte in die Küche gespitzt, als Tante Martha den Rucksack packte. Äpfel, Schokolade, Nüsse und Feigen – und vier große Schinkenbrote. Es war ein herrliches Leben!

Die Skier hatten sie zu Hause lassen müssen. Onkel Anton meinte, für eine Waldfahrt seien sie doch noch zu schlechte Läufer, und der Waldweg war um diese Zeit noch gangbar. So stiegen sie langsam den steilen Weg hinauf.

Anfangs schwatzten sie viel. Sie entdeckten in jeder Minute etwas Neues und Schönes. Waldfinken, einen hoppelnden Hasen, einen Raubvogel, der hoch oben seine Kreise zog und nach einer Beute Ausschau hielt.

»Wenn ihr ununterbrochen schnattert«, mahnte Sylvester, »werdet ihr nie Wild zu Gesicht bekommen. Euch hört man ja meilenweit – durch den ganzen Bergwald!«

Dann hörten die allzu munteren Gespräche von selbst auf. Der Weg war doch recht steil und mühsam, und die drei waren das Bergsteigen nicht gewöhnt. Sie stützten sich schwer auf ihre Stöcke und mußten immer heftiger atmen. Sylvester hingegen kletterte wie eine Gemse, fanden die Mädchen. Er schien überhaupt nicht müde zu werden.

»Uff«, stöhnte Marianne, »ich kann bald nicht mehr. Geht es noch lange so weiter?« Sylvester tröstete sie.

»Nicht mehr lange – nur noch ein halbes Stündchen, dann wird der Weg breit und eben.«

»Nur noch ein halbes Stündchen«, wiederholte Marianne, »das schaff ich nie!«

»Hättest du nicht so viele Knödel verdrückt«, lachte Billy. »Fünf Stück – wie die nur Platz in deinem Magen haben, ich hatte schon an den zweien zu kauen.«

»Wenn ich nicht ordentlich gegessen hätte, würde ich es nicht einmal bis hierher geschafft haben«, verteidigte sich Marianne.

Dann verstummten sie ganz, aber die Anstrengung hinderte sie nicht daran, ihre Augen umhergehen zu lassen. Sie waren sich einig, daß ein Bergwald etwas ganz Besonderes ist. Feierliche Stille war ringsum. Billy dachte: Wie in der Kirche ist es hier, so schön und still. Nur hin und wieder verriet ihnen ein Huschen im Unterholz, ein Knacken und Brechen von Ästen, daß sie nicht allein waren. Der Wald lebte und verfolgte jede ihrer Bewegungen.

Allein möchte ich hier nicht hindurch, dachte die sonst so mutige Petra.

Endlich hörte die beschwerliche Steigung auf. Der Weg wurde eben. Die Tannen ringsum sahen noch schwärzer, größer und feierlicher aus, Wildspuren im Schnee verrieten ihnen, daß sie ganz in der Nähe des Futterplatzes waren.

Sylvester lachte und blieb stehen.

»Ihr seid so stumm – was hat euch denn die Sprache verschlagen? Wir haben es ja geschafft, wir sind da!«

»Wo? Wie denn?«

Sie sahen sich um und entdeckten nichts als Wald und Schnee und über ihnen einen Fetzen kalten Winterhimmels.

»Schaut doch genau!«

Marianne entdeckte endlich die Hütte. Sie lag aber wirklich sehr versteckt zwischen Tannen und Lärchen.

»Hurra!« schrie Billy, »wir wollen gleich Feuer machen und den Rucksack auspacken.«

Marianne stimmte natürlich sofort zu. Sylvester führte sie in die Hütte. Sie war klein, aber fast wie eine Wohnstube eingerichtet, mit einem Bett darin. Nebenan war ein Schuppen voll Brennholz und Winterfutter für das Wild.

»Um diese Zeit kommt gegen Abend der Förster herauf – manchmal schläft er da. Er überwacht die Fütterung.«

Dann machten sie Feuer im Herd. Es zeigte sich, daß Marianne in solchen Dingen die geschickteste war. Sie war ja auch diejenige, die zu Hause alle möglichen Arbeiten ihrer Mutter abnahm.

Endlich brannte das Feuer hell, und im Nu war die kleine Stube mollig warm. Die vier hatten sich um den Tisch gesetzt, der am Fenster stand. So saßen sie gemütlich beisammen und konnten bis auf den Futterplatz hinuntersehen. Nun war er freilich noch leer, die gefüllten Raufen standen einsam da, aber bald würde Leben in den Wald kommen, wenn sie sich nur still verhielten, versprach Sylvester.

»Hier möchte ich ein paar Tage bleiben«, sagte Petra. »Am liebsten einmal über Nacht. Wäre es nicht wunderschön?«

»Ist eine feine Idee«, gab Sylvester zu. »Von mir aus gern, wenn es meine Eltern erlauben.«

Billy und Marianne sahen sich nur bedeutsam an. Eine ganze lange, dunkle Nacht hier oben im Bergwald? Wo der Wind um die Hütte heulte, daß man ängstlich dachte, er fege sie hinweg? Wo die alten Bäume so merkwürdig rauschten und sich Fuchs und Hase gute Nacht sagten? Aber als ein Feigling wollte man natürlich nicht hingestellt werden.

»Ja, ja«, sagte also Billy mit entschlossenem Gesicht, und Marianne schob sich schnell einen Bissen Brot in den Mund, um nicht antworten zu müssen.

Die Dämmerung kam früh im Wald. Schatten wuchsen zwischen den Bäumen, der Schnee verlor sein Glitzern, schien auf einmal bläulich.

»Psst!« flüsterte Sylvester, »sie kommen – die ersten kommen, ich spüre es.«

Die vier starrten durch die Scheibe. Ein Hirsch kam über die Lichtung, zögernd, nach allen Seiten sichernd. Aber der Hunger trieb ihn vorwärts. Dann kamen sie von allen Seiten, als hätten sie dem großen, starken Hirsch nur höflich den Vortritt lassen wollen.

»Sieh nur all das Wild!« flüsterte Petra andächtig. »Das glaubt uns ja keiner in der Klasse. Die denken bestimmt, wir schwindeln, wenn wir alles so erzählen.«

Es war wirklich ein großartiges Schauspiel, das sie erlebten. Immer mehr Rehe und Hirsche strömten herbei. Von allen Seiten kamen sie jetzt zum Futterplatz.

Die vier bedauerten nur, daß die Dunkelheit nun so rasch hereinbrach.

»Das werde ich nie vergessen«, sagte Marianne. »Das war ein herrliches Erlebnis – der ganze Tag war ein Erlebnis, nicht wahr?«

»Ja«, gab Petra zu. »Sylvester hat es gut, daß er hier leben darf.«

Da klopfte es an die Tür. Die Mädchen fuhren entsetzt zusammen. Billy, die noch allein am Fenster gestanden hatte, setzte sich rasch zu Petra und Marianne.

»O Gott, o Gott!« jammerte Marianne, »wer kann das nur sein? Wo wir ganz allein im Wald sind...«

Sylvester beruhigte sie. »Das ist sicher nur der Förster. Er wird den Lichtschein gesehen haben, oder den Rauch aus dem Schornstein.«

Sylvester öffnete die Tür. Ein eisiger Luftzug fegte herein. Die Nächte waren hier oben empfindlich kalt.

Ein großer Mann in einem Lodenmantel trat ein.

»Guten Abend, Sylvester – ist das dein langerwarteter Besuch aus Deutschland?«

Sylvester nickte stolz, und der Förster gab den Mädchen die Hand.

»Na, was sagt ihr zu unseren Bergen und dem Wald – habt ihr das Wild auf dem Futterplatz gesehen?«

Die Mädchen strahlten.

»Herrlich war es, Herr Förster! So etwas haben wir noch nie gesehen!«

»Das glaub ich gern. Aber nun wird es Zeit, daß ihr nach Hause lauft. Es wird sehr kalt heute nacht – ihr fürchtet euch doch nicht? Oder soll ich euch ein Stück begleiten?«

»Nein, nein, danke«, sagte Petra rasch, weil sie Sylvester imponieren wollte. »Wir haben ja Barry dabei.«

Sie taten, wie ihnen der Förster geheißen und achteten darauf, daß das Feuer richtig gelöscht war. Dann versteckten sie den Hüttenschlüssel im Futterschuppen und machten sich auf den Heimweg. Barry trottete gemächlich hinter ihnen her.

»Ein freundlicher Herr, der Förster«, meinte Billy. Sylvester stimmte zu.

»Ja, das ist einer, der den Wald und die Tiere wirklich liebt ... aber hier gibt es auch andere. Er hat Sorgen, unser Förster, seit einiger Zeit verschwindet wieder Wild. Böcke fehlen plötzlich, und manchmal hat er schon ein angeschossenes Reh gefunden, das im Schnee dann elendiglich gestorben war.

»Willst du sagen, daß hier im Wald Wild gestohlen wird?« Petra war ganz empört.

»Freilich ... es ist wieder ein Wilddieb am Werk, hat Vater gesagt. Aber er schießt das Wild nicht nur heimlich nachts – er ist noch viel gemeiner. Er legt Fallen, und dann fangen sich die Rehe darin, haben gebrochene Beine und gehen langsam zugrunde.«

Billy erschauerte. »Schrecklich – warum fangen sie den Räuber nicht? Habt ihr keine Polizei?«

»Das ist Sache des Försters und seiner Helfer, und sie haben bis jetzt schon jeden Wilddieb erwischt, aber diesmal ist es ein ganz schlauer. Der Förster hat noch keine Spur von ihm.«

Die Mädchen stolperten nachdenklich den steilen Bergwaldhang hinunter.

»Wie gemein, wehrlosen Tieren aufzulauern und sie dann noch leiden zu lassen. Wenn ich etwas zu sagen hätte ...«

»... aber du hast nichts zu sagen, Billy«, sagte Petra grober als gewollt. »Wenn der Förster schon nichts ausrichten kann – was könnten wir tun?«

Billy sah es ein.

Auf dem letzten Stück des Weges kam ihnen Onkel Anton mit einer Laterne entgegen.

»Hier sind wir, Onkel Anton!« riefen die Mädchen, »hierher!«

»Ihr ward aber lange unterwegs. Tante Martha hat sich euretwegen schon Sorgen gemacht, Kinder. Und du, Sylvester, hättest gescheiter sein können. Es ist schon lange dunkel.«

»Nicht böse sein, Onkel«, schmeichelte Billy und hing sich an Onkel Antons Arm. »Es war so schön dort oben, daß wir ganz die Zeit vergessen haben, und dann bekamen wir noch Besuch vom Förster. Außerdem war ja Barry bei uns, und da passiert uns schon nichts.«

Ihr Onkel gab sich zufrieden, aber einen Vorwurf mußte er ihnen doch noch machen.

»Denkt ihr eigentlich noch an zu Hause?«

»Aber natürlich«, sagte Petra erstaunt.

»Und warum hat dann keine von euch auch nur eine Zeile heim geschrieben? Ich kann mir denken, daß ihr drei euren Eltern fest versprochen habt, gleich am ersten Tag zu schreiben, als ihr angekommen seid. Aber aus den Augen, aus dem Sinn...«

Sie schämten sich. Billy war fast dem Weinen nah.

»Es gab so viel zu sehen heute«, versuchte Marianne sie alle ein wenig zu entschuldigen. »Alles war so neu, Onkel Anton... wir haben es glatt vergessen, aber wir werden sofort schreiben, wenn wir zu Hause sind.«

»Na, das will ich auch hoffen!«

Dort, wo der Wald aufhörte und die verschneiten Wiesen begannen, die zum Dorf hin führten, bückte sich Billy.

»Was hast du denn?« fragte Petra, aber Billy hüpfte davon.

»Nichts – gar nichts, ich dachte nur, da liege etwas...«

Als sie an der Kirche vorübergingen, hörten sie wieder die Orgelmusik, und Billy blieb stehen.

»Ob ich einmal zuhören darf? Drinnen in der Kirche, Onkel Anton?«

»Du magst das wohl?«

»Ja – ich wußte es gar nicht, aber als ich es heute mittag hörte, da wäre ich am liebsten hiergeblieben.«

»Wenn ihr versprecht, ganz leise zu sein und bestimmt

nicht zu stören?«

Sie öffneten langsam die Kirchentür und traten einer nach dem andern ein. Onkel Anton führte sie die Treppe zur Orgelempore hinauf. Der Pfarrer war ein alter Herr mit einem freundlichen Gesicht. Er winkte sie heran, ohne sein Spiel zu unterbrechen. Andächtig standen die Kinder um die Orgel und hörten zu.

»Wenn ich auch so spielen könnte«, flüsterte Billy zaghaft. »Glaubst du, daß mein Vater ja sagen wird, Petra?«

»Warum denn gleich Orgel«, flüsterte Petra zurück. »Du kannst ja nicht einmal richtig Mundharmonika spielen! Wo sollen deine Eltern denn eine Orgel auftreiben ... die kostet doch ... eine Menge Geld ... und dann der Platz, den sie braucht.«

»Trotzdem ..., ich will ja gar keine eigene ..., aber wenn ich spielen könnte, dann dürfte ich vielleicht sonntags manchmal in der Kirche spielen. Und das wäre wunderbar.«

Petra sagte nichts mehr darauf. Billy hatte eben solche Einfälle, die keine von ihnen hatte. Orgelspielen!

Als der Pfarrer geendet hatte, wandte er sich um, aber er sah nur Billy an.

»Du liebst das Spiel, nicht wahr?«

»Ja.«

»Ich habe dir's schon heute mittag angesehen. So lern es doch! Gute Organisten werden immer gebraucht, und du wirst zu Hause, in deiner Kirche, bestimmt Gelegenheit haben zu üben und es zu lernen.«

»Es wäre fein ...«

»Und solange du hier bist, darfst du jeden Tag ein Stündchen kommen – wenn es dir Spaß macht.«

»Danke ... das ist ... das ist fein!«

Billy war glücklich; es war nicht schwer, die schwarze Billy restlos glücklich zu machen, und wenn sie es war, erfuhr es die halbe Welt.

»Onkel Anton«, sagte sie, »ich bin froh, hier zu sein, ich mag dich gern, ich mag Tante Martha und Sylvester und Petra und Marianne und den alten Pfarrer und Barry ... und Katharina und Max und alle, alle ...«

Onkel Anton fuhr mit seiner großen, kräftigen Bauernhand in Billys schwarzen Wuschelkopf.

»Verlern es nie, Billy, dich so zu freuen über die Dinge, die du geschenkt bekommst! Freuen, richtig von Herzen freuen ist ein Segen – und viele Menschen haben es ganz verlernt.«

Der Abend schloß so schön, wie der Morgen begonnen hatte. Nach einem schmackhaften Abendessen in der molligen Stube schrieben die drei an ihre Eltern. Ihre Hände flogen nur so übers Papier. Es gab ja so unendlich viel zu erzählen. Dann sagten sie gemeinsam den Tieren gute Nacht. Max und die Haflinger bekamen ihr Stück Zucker – Katharinchen gleich zwei. Die Katzen bekamen frische Milch in ihre Schüsseln und Barry einen großen Napf voll Fleisch und Reis.

Sie sahen zu, wie Tante Martha und die alte Marie die Kühe molken. Das Wetter draußen hatte plötzlich umgeschlagen. Der Himmel war bedeckt, und bald fing es an zu schneien.

»Wollt ihr nicht ins Bett?« fragte Tante Martha.

»Wir sind aber noch gar nicht müde«, sagten die drei und machten immer kleinere Augen.

Dann sagte Billy leise und geheimnisvoll:

»Ich weiß etwas, was ihr nicht wißt – und wer es wissen will, kommt mit mir hinauf ins Zimmer!«

Dann sagte sie allen gute Nacht und hüpfte die Treppe hinauf. Petra und Marianne sahen sich an. Sie kannten Billy. Wenn die sich so benahm, gab es auch irgendeine Neuigkeit.

»Ich glaube, wir sagen auch gute Nacht«, flüsterte Petra Marianne zu, und die nickte.

Oben, in ihrem Zimmer, saß Billy schon im Nachthemd auf dem Bett.

»Los!« überfielen sie die Freundinnen, »was weißt du denn?«

»Ich? Was soll ich denn wissen?« Sie tat ganz unschuldig, streckte sich und reckte sich und tat, als wollte sie unter die Bettdecke und schnell einschlafen.

»Billy, laß dich doch nicht betteln!«

»Also, kommt her, alle beide, aber seid leise, ganz leise ...«

Die beiden setzten sich auf Billys Bett, und Billy griff in die Schublade ihres Nachtkästchens und holte einen Gegenstand heraus.

»Was hab ich da? Was ist das?«

Petra und Marianne starrten darauf.

»Na!« rief Petra dann enttäuscht, »was soll das schon sein? Ein Taschenmesser eben, ein ganz normales Taschenmesser.«

»Vielleicht«, sagte Billy. »Wollt ihr nicht wissen, wo ich es herhabe?«

»So sag's doch schon!«

»Gefunden, als wir den Wald verlassen wollten, am Wegrand. Jemand hat es dort verloren – und nicht gerne verloren, das könnt ihr mir glauben.

Petra und Marianne wußten immer noch nicht, worauf Billy hinaus wollte.

»Gut«, sagte die nüchterne und praktische Petra. »Du hast ein Taschenmesser im Wald gefunden. Was gibt es da Geheimnisvolles? Der Förster kann es verloren haben – oder ein Jäger oder Heger ... oder ein Bauer ... oder Onkel Anton ... oder ... es gibt Dutzende von Möglichkeiten.« »Oder der gemeine Wilddieb!« sagte Billy mit Grabesstimme. »Du ... das wäre ja ...«, aber Petra ließ sich nicht so leicht überzeugen. »Unsinn. Und selbst wenn es so wäre, was nützte es dann?«

»Es ist so, glaube mir – seht einmal her!« Sie öffnete mit spitzen Fingern das Klappmesser und zeigte Petra und Marianne die Klinge.

»Na, was seht ihr?«

»Sie ist schmutzig«, sagte Marianne verwundert.

»Ja, schmutzig – aber es ist ein ganz bestimmter Schmutz – seht es euch doch einmal genau an!«

Die beiden taten es. Dann sagte Marianne bestürzt: »Du, das sieht ja aus wie Blut!«

»Ja, kapierst du endlich? Das ist Blut ... die ganze Klinge ist voll getrocknetem Blut ... damit könnte der Wilddieb ...«

»Hör auf damit«, sagte Marianne und schüttelte sich. »Wenn ich an die armen Tiere denke ..., aber was machen wir jetzt? Billy könnte ja damit recht haben!«

Petra nickte schwer. »Stimmt genau. Billy ist ein ganz tüchtiger Detektiv.«

Billy errötete vor Stolz. »Das ist nicht alles – seht, hier neben der Perlmuttplatte ist etwas eingeschnitzt. Ein J. und ein B.«

»Gib her!« Petra war aufgeregt und riß Billy das Messer aus der Hand. Zusammen mit Marianne entdeckte sie wirklich die Buchstaben.

»Billy – weißt du, was das bedeutet?«

Aber Billy hatte sich längst ihre eigenen Gedanken gemacht. »Klar. Das bedeutet, daß wir den Besitzer des Messers herausfinden können – und wenn wir ihn gefunden haben, haben wir auch den Wilddieb.«

»Billy!«

Sie waren ehrlich überrascht von Billy. Was die sich alles zusammenreimte? Aber dumm war es nicht.

»Aber bedenke, es kann ja alles ganz harmlos sein. Jemand hat einen Zweig abgeschnitten oder sonst etwas und hat sich dabei die Hand verletzt ... davon könnte das Blut doch sein, wenn es überhaupt Blut ist.«

Billy gab Petra recht. »Freilich – aber ebenso könnte es anders sein. Und das müssen wir eben herausfinden.«

»Wir?«

Petra und Marianne war es nicht ganz wohl.

»Ganz allein? Wir können doch nicht von Tür zu Tür gehen, die Leute nach ihrem Namen fragen und das Messer zeigen?«

»Nein ... wir werden es Sylvester sagen. Er muß uns helfen. Er kennt alle Leute hier.«

Sie öffneten leise ihre Tür. Der Korridor lag dunkel da. Dann klopften sie an Sylvesters Tür.

Sylvester öffnete ihnen schlaftrunken.

»Warum gebt ihr denn keine Ruhe?« sagte er böse. »Ich war gerade so schön eingeschlafen.«

»Laß uns herein!« flüsterte Petra, »wir haben eine tolle Neuigkeit. Ich wette, daß du nicht mehr müde bist, wenn du alles weißt.«

Sylvester ließ sie mürrisch eintreten.

»Na, schießt schon los, möchte wissen, was es mitten in der Nacht Interessantes gibt.«

Sie ließen Billy sprechen, weil Billy den Trick kannte, alles doppelt so spannend und geheimnisvoll zu machen, als es eigentlich war.

Sylvesters Augen wurden immer größer; er wurde ganz aufgeregt.

»Gib her!«

Er nahm das Messer mit spitzen Fingern und betrachtete es genau.

»Scheint wirklich Blut zu sein ... und J. B.? Da kenne ich mindestens sechs Leute aus dem Dorf und der Umgebung, deren Namen so beginnt ...«

»Wir müssen uns etwas einfallen lassen«, drängte Petra, und die anderen gaben ihr recht.

»Aber vor den Feiertagen werden wir keine freie Zeit mehr haben«, gab Sylvester zu bedenken. »Es gibt soviel zu tun ..., in ein paar Tagen ist Heiliger Abend. Ihr werdet Mutter beim Backen helfen müssen, ich muß mit Vater den Christbaum aus dem Wald holen ... wir schaffen es jetzt nicht.«

Billy verlor den Mut nicht.

»Ein bißchen Zeit wird sich schon finden – außerdem haben wir nach dem Fest Zeit genug.«

»Ja – und der Dieb hat noch mehr Tiere umgebracht!«

»Seinen Festtagsbraten hat er schon«, sagte Sylvester wütend. »Vater hat mir am Abend gesagt, daß wieder Wild vermißt wird.«

»Wir werden die armen Rehe rächen«, sagte Petra zornig. »Wir versprechen es!«

In dieser Nacht schliefen die vier unruhig. Sie träumten viel und lauter aufregende Erlebnisse.

Heilige Nacht

Wie im Flug vergingen die Tage bis zum Fest. Die Mädchen hatten viel Freude, Tante Martha und Marie in der Küche zu helfen. Wunderbare Dinge entstanden da unter Tante Marthas Anleitung. Schwere, dicke Christstollen, aus denen die Rosinen und Mandeln nur so quollen, Nußgebäck, Butterplätzchen, Schokoladekringel und leckeres Marzipangepäck. Marianne hatte zum erstenmal in ihrem Leben Magendrükken, und das wollte etwas heißen. Für den Weihnachtsbaum mußten Nüsse vergoldet und versilbert, die Sterne und Ketten vom vorigen Jahr erneuert oder ausgebessert werden.

Den ganzen Tag wurde gebacken und gebraten, die Stuben geschrubbt, die Ställe reingefegt, den Tieren frische Streu gegeben. Alles mußte nur so blitzen vor Sauberkeit.

Sylvester war mit seinem Vater und Max im Wald gewesen, in dem kleinen Stück am Berg oben, das ihnen gehörte. Einen großen, herrlichen Tannenbaum hatten sie mitgebracht. Er war so prachtvoll, daß er den Mädchen fast leid tat. Wie herrlich mußte er im Wald ausgesehen haben!

Billy durfte um die Mittagszeit die Küche verlassen. Sie konnte diese Stunde kaum erwarten. Dann ging sie hinunter, zur Kirche. Mit dem alten Pfarrer hatte sie längst Freundschaft geschlossen. Lang saß sie so jeden Tag neben ihm und hörte seinem Spiel zu. Bevor sie ging, durfte sie immer ein wenig probieren, und sie sah ein, daß es schwer war, eine Orgel zu spielen. Trotzdem schrieb sie am Morgen des Heiligen Abends einen langen Brief an ihre Eltern.

»Ich habe nur einen einzigen Wunsch, liebe Mutti, lieber Vati, bitte, bitte, laßt mich Orgel spielen lernen. Vielleicht findet ihr eine Möglichkeit und sprecht einmal mit dem Lehrer, der in unserer Kirche die Orgel spielt. Ich bin ganz aufgeregt, wenn ich denke, daß ich eines Tages so werde spielen können, wie der liebe alte Herr Pfarrer hier, der mich jeden Tag zuhören läßt. Wenn man so spielen kann, macht man vielen Menschen eine große Freude – und dem lieben Gott wohl auch.«

»Aber ich denke, du willst Tierärztin werden«, sagte Petra zu Billy.

»Ja – ich werde immer Tieren helfen, ganz gleich, wo ich bin, Petra, aber siehst du ... Eine Tierärztin muß doch auch Tiere operieren, nicht wahr? Ich kann ihnen aber doch nicht weh tun, ich kann es einfach nicht, auch wenn es sein müßte!«

Petra tippte sich an die Stirne. »Von der Tierärztin zur Organistin – wenn du nicht spinnst!«

Billy war nicht beleidigt.

»Und was ist mit dir? Mal ist es Zahnärztin, dann Lehrerin.«

»Blödsinn«, sagte Petra von oben herab. »Ich werde mal Kommissar oder so, bei der Polizei, und dann fange ich alle Wilddiebe.«

Ihren Plan mit dem Taschenmesser, das Billy gefunden hatte, hatten sie vorerst aufgeben müssen. Es fehlte ihnen die Zeit dazu.

Am Morgen des Heiligen Abends war ein großes Paket für die drei angekommen. Tante Martha hatte jedoch kein Verständnis für ihre Neugierde, und alles Betteln half nichts. Das Paket verschwand in einem Schrank, und Tante Martha zog den Schlüssel ab.

»Ihr werdet wohl bis heute abend warten können.«

Am Nachmittag durften sie mit Onkel Anton hinauf zum Futterplatz gehen. Auch die Tiere des Waldes sollten heute etwas Besonderes bekommen. Onkel Anton füllte die Tröge mit Kastanien und kleinen, süßen Rüben.

In der Dämmerung wanderten sie heimwärts. Es schneite wieder und war gar nicht kalt.

»Es ist die schönste Weihnacht, die ich erlebte«, sagte Marianne.

»Ihr in der Stadt habt Weihnachten eben nur in eurer Stube«, sagte Onkel Anton. »Hier bei uns feiert alles mit ..., fühlt ihr es? Der Wald, die Nacht, der Himmel und die Berge ...«

Da wurden sie still und sahen mit großen Augen der Heiligen Nacht entgegen.

Endlich war es so weit. Sie hatten lange in der Küche warten müssen, aber dann ertönte ein feines Glöckchen. Onkel Anton riß mit strahlendem Gesicht die Stubentüre auf, und die vier starrten voller Freude und Glück auf den Weihnachtsbaum und die Krippe, die darunter aufgestellt war.

So einen Baum hatten sie freilich noch nie gesehen. Statt der Glaskugeln hingen kleine Äpfel und Nüsse daran, Zuckerstückchen und Schokoladenkugeln, und die selbstgefertigten Ketten und Sterne glänzten in allen Farben beim Kerzenlicht.

Onkel Anton stimmte Weihnachtslieder an, und alle sangen laut mit, von »Stille Nacht« bis »In Bethlehem geboren«. Nur Barry fand den Gesang nicht schön. Er lag in einer Ecke, den dicken Kopf auf die Pfoten gedrückt, als wollte er sich die Ohren zuhalten, und er winselte und jaulte leise und jämmerlich.

Endlich durften sie auch ihre Geschenke betrachten. Sie hatten sich gegenseitig in monatelanger, heimlicher Arbeit nette Kleinigkeiten gebastelt. Tante Martha bekam gleich drei Topflappen und zwei Nadeltäschchen.

Das große Paket von zu Hause barg für jeden etwas. Ein Spiel für Sylvester, einen Seidenschal für Tante Martha und Zigarren für Onkel Anton. Billy, Petra und Marianne jedoch waren sehr erstaunt, als sie von ihren Eltern die neue Skiausrüstung erhielten, die sie sich lange gewünscht hatten.

»Sie haben uns kein Wort gesagt«, jubelte Billy. »Sie haben sich einfach zusammen besprochen und uns das gleiche gekauft. Ist das nicht wunderbar? Einen richtigen Anorak für jede, dicke Handschuhe, eine fesche Hose und prima Stiefel!«

Sie gingen sofort in ihr Zimmer und probierten die neuen Sachen. Sie fanden, daß sie darin schick aussahen, wie echte Skiläuferinnen.

Nur Sylvester sagte spöttisch:

»Jetzt sind die Skihasen fertig – jetzt paßt ihr auf den Idiotenhügel!«

Aber da Heiliger Abend war, wollten sie sich nicht ärgern lassen und schwiegen dazu.

Spät in der Nacht kam die alte Marie aufgeregt in die Stube.

»Schnell, Bauer, die Eselin!«

Onkel Anton und Sylvester, Xaver und Marie eilten in den Stall.

»Was ist mit Katharina?« fragte Marianne erschrocken. »Wird sie sterben?«

Tante Martha beruhigte sie. »Nein, du Dummchen. Sie bekommt ihr kleines Eselchen, und ein bißchen krank ist sie da schon, aber das geht vorüber.«

»Tante Martha – dürfen wir drei nicht auch in den Stall? Wir versprechen, daß wir ganz still sein werden – wir rühren uns auch nicht vom Fleck. Bitte, Tante Martha, bitte . . .!«

»Bitte, wir sind ganz brav«, bat auch Petra, und Billy gab ihrer Tante schnell einen Kuß.

Tante Martha sah die Mädchen nachdenklich an.

»Ich weiß nicht recht.«

»Wo es doch Christnacht ist, Tante Martha«, bat Billy schmeichelnd, »und wo im Stall von Bethlehem auch ein Eselchen dabei war . . .«

Tante Martha entschloß sich ja zu sagen.

»Gut – es ist etwas Wunderbares, wenn so ein kleines neues Leben zur Welt kommt.«

Die drei huschten in den Stall, ihnen war ganz feierlich zumute, ganz seltsam, fast so, als müßten sie weinen vor lauter Glück.

Da lag das kleine Eselchen schon im Stroh, und Katharina beleckte es zärtlich. Die Kinder umstanden die Box und wußten nicht, wie sie ihre Freude und ihre Rührung zum Ausdruck bringen sollten. Endlich sagte Marianne:

»Ich wußte nicht, daß es so schön ist, wenn etwas so Funkelnagelneues plötzlich auf der Welt ist. Wir wollen es lieb haben.«

»Es gehört ja euch«, sagte Sylvester großmütig, »wie ich es versprochen habe.«

»Ist es ein Eselchen, Onkel Anton, fragte Billy, »oder eine Eselin?«

»Es ist eine kleine, hübsche Dame wie seine Mutter«, sagte Onkel Anton. »Sucht mir einen schönen Namen aus! Es scheint einmal eine Eselschönheit zu werden.«

»Ich würde es Silvia nennen«, sagte Billy mit einem Seufzer. Und Petra und Marianne vergaßen ganz, daß sie eigentlich immer uneins waren, wenn es um Namen ging.
»Silvia ist sehr hübsch für eine Eseldame«, gab Petra zu.
»Bist du einverstanden, Sylvester?«
Sylvester war einverstanden, und die vier blieben in Eintracht noch eine ganze Weile bei Katharina und dem Kleinen.
»Wir werden für dich sparen«, versprach Marianne, »und dann schicken wir das Geld Sylvester. Er soll dir dafür lauter gute Dinge kaufen – und deiner Mutter natürlich auch. Dafür muß er dir von uns erzählen, damit du uns nicht vergißt, bis wir im nächsten Jahr wiederkommen.«
Die ganze Nacht wären sie wohl im Stroh gesessen, wäre nicht Tante Martha gekommen und hätte sie ins Bett geschickt.
Billy ließ den Kopf hängen.
»Onkel Anton hat aber gesagt, wir dürften um Mitternacht in die Mette... bitte...«
Tante Martha gab auch diesmal nach. Müde sahen die drei ja nicht aus.
Und so durften sie zum erstenmal in eine Mitternachtsmette. Sie froren und wurden müde, aber es machte ihnen nichts aus. Es war zu schön gewesen. Die alten Lieder, die vielen Menschen, die Feier und schließlich die Fahrt auf dem Schlitten, in Decken verpackt. Und Max zog sie langsam durch den Schnee.
»Vielleicht werde ich später doch mal Zahnärztin und ziehe hierher, wenn ich groß bin«, sagte Petra gähnend. »Hier möchte ich immer leben.«

Allein im Wald, ein Unfall und ein Wilddieb

So schön die Feiertage auch gewesen waren, jetzt waren die Kinder froh, daß sie vorüber waren. Sie hatten das Ende kaum mehr erwarten können, denn das gefundene Taschenmesser lag noch immer in Billys Nachtkästchen und wartete darauf, den schlechten Menschen entlarven zu helfen. Dann aber kam Sylvester zu ihnen und machte ein langes Gesicht.

»Nichts ist es, ich kann jetzt nicht ins Dorf und fragen, wer ein Messer verloren hat. Ich muß mit Vater und Xaver bis nach Bozen hinüber. Wir müssen Futtermittel kaufen. Das hat man davon, wenn man der Sohn eines Landwirts ist.«

Die Mädchen trösteten ihn, so gut sie konnten.

»Ihr dürft nicht länger warten«, sagte Sylvester dann. »Für Neujahr wird er wieder einen Braten holen. Und vielleicht haben wir wirklich einen Beweis in der Hand. Nehmt das Messer und geht zum Förster ... Das Forsthaus liegt am Ende des Dorfes; jeder wird es euch zeigen. Sagt dem Förster alles und gebt ihm das Messer! Er wird Rat wissen.«

Die drei versprachen, so zu handeln und warteten, bis Sylvester mit seinem Vater, Xaver und Max abgefahren war. Dann zogen sie die neue, schöne Skiausrüstung an, holten die Skier und sagten jedem, daß sie ein wenig üben wollten auf dem Idiotenhügel.

Auf dem Weg zum Forsthaus blieb Petra plötzlich stehen und griff sich an die Stirn.

»Wir machen es ja falsch, wenn wir jetzt schon zum Förster gehen. Er kann ja schließlich nicht mit dem Messer in der Hand umherlaufen und alle Leute fragen: Haben Sie vielleicht ein Messer verloren? Das würde ja auffallen, und der Dieb wäre gewarnt. Wie wäre es aber, wenn wir die Sache allein in die Hand nähmen? Oder habt ihr etwa Angst?«

Billy und Marianne schüttelten die Köpfe und schwiegen. Ein wenig Angst hatten sie jetzt schon, wenn sie so recht darüber nachdachten. Schließlich war ein Wilddieb ein gefährlicher Mensch.

»Also gut«, beschloß Petra, »dann laufen wir jetzt ganz harmlos ins Dorf und stellen uns dumm – laßt mich nur machen. Ihr werdet sehen, daß wir bis Mittag wissen, was dahintersteckt.«

Billy und Marianne wußten nicht recht, was Petra so meinte, aber sie gingen folgsam mit.

Petra war auch gar nicht so dumm, fanden die beiden dann. Sie ging auf ein Mädchen zu, das etwa in ihrem Alter war. »Ach, du, hast du mal einen Augenblick Zeit?«

Das Mädchen nickte und kam heran.

»Uns ist etwas Dummes passiert«, sagte Petra. »Wir sollen zu einem Mann im Dorf und ihm etwas ausrichten, aber nun haben wir glatt den Namen vergessen. Zu dumm von uns, nicht wahr? Wir wissen aber noch die Anfangsbuchstaben, es war ein J und ein B. Kannst du uns nicht helfen? Kennst du vielleicht einen Mann hier, dessen Namen mit einem J und mit einem B beginnt. So wie Jakob Bauer vielleicht...«

Das Mädchen dachte lange nach, sehr angestrengt, so daß es Falten auf der Stirne bekam.

»Da fällt mir nur der Josef ein, der Josef Brummer, das ist ein uralter Mann – meint ihr den?«

Petra wechselte rasch einen Blick mit Marianne. Die schüttelte energisch den Kopf.

»Nein, ich glaube, der Name lautete ganz anders.«

»Ah, jetzt ist mir noch einer eingefallen! Johannes Bär vielleicht?«

»Was ist denn das für ein Mann?«

»Er ist noch nicht lange hier, er arbeitet auf dem Hof des Bürgermeisters.«

»Ja«, sagte Petra, denn Billy und Marianne hatten ihr zugeblinzelt, »das könnte der Name gewesen sein. Kannst du uns den Weg dorthin zeigen?«

»Freilich«, sagte das Mädchen mit den langen Zöpfen, »kommt nur mit – aber den Johannes trefft ihr jetzt nicht. Den hab ich heute morgen schon in den Wald gehen sehen. Er sucht immer Tannenzapfen.«

»So«, sagte Petra, »Tannenzapfen. Na, danke für alles. Wenn der Johannes nicht da ist, hat es gar keinen Wert, daß wir hingehen. Vielleicht ist er auch gar nicht der, den wir suchen.«

Sie fuhren rasch auf ihren Skiern weiter.

»Ich fresse nicht nur einen, sondern zwei Besen, wenn dieser Johannes nicht der Wilddieb ist«, sagte Petra. »Was tun wir nur? Laufen wir jetzt zum Förster und sagen ihm alles?«

Sie überlegten lang, einmal so, dann so. Schließlich waren sie sich einig, daß es besser war, sie beobachteten den Johannes erst einmal.

»Gehen wir doch ein Stück in den Wald«, sagte Billy. »Vielleicht hören und sehen wir etwas, wenn wir leise sind und uns genau umsehen.«

»Wenn nur Barry hier wäre«, meinte Marianne ängstlich. Aber Barry hatte sie heute nicht begleiten wollen. Es war ihm nicht recht gewesen, daß sie weggingen, und er hatte hinter ihnen hergeschimpft. Noch lange hatten sie sein Bellen gehört.

»So kommt schon, ihr Angsthasen!« rief Petra. »Was soll uns schon geschehen? Wir sind ja zu dritt – und es ist heller Tag.«

So gingen sie in den Bergwald. Ihre Herzen klopften dumpf, und es war ihnen nicht geheuer, und für Barrys Gegenwart hätten sie viel gegeben. Aber jetzt zugeben, daß sie Angst hatten? Nein, das kam nicht in Frage.

Es fing zu schneien an. Kleine, weiße Flocken, dicht wie ein Schleier, fielen vom Himmel.

»Ist es nicht bald Mittag?« fragte Marianne hoffnungsvoll. »Sollten wir nicht umkehren, damit wir nicht zu spät zum Essen kommen? Tante Martha würde böse werden, und heute gibt es Dampfnudeln mit Zwetschgenbrei.«

»Wann denkst du eigentlich nicht ans Essen?« sagte Petra rügend. »Ich habe meine Uhr nicht da – aber es ist höchstens zehn Uhr. Wir können noch eine ganze Stunde laufen und suchen, bevor wir umkehren müssen. Aber wenn du dich fürchtest, kannst du ja allein zurückgehen.«

Das wollte Marianne natürlich auch nicht. Man sah sowieso kaum mehr die Hand vor den Augen. Das Schneetreiben wurde immer dichter.

Da knallte plötzlich ein Schuß im Wald. Die drei blieben wie angewurzelt stehen. Sie waren im Gesicht so weiß wie der Schnee ringsum.

»Was – was war das?« stotterte Billy. Selbst ihr braunes Gesichtchen war fahl geworden. »Das war doch ein . . .«

» . . . ein Schuß«, flüsterte Marianne. »Ganz sicher ein Schuß. Wir müssen umkehren, ganz schnell . . .«

Auch Petra machte nun wortlos kehrt. Der Schreck war ihr ordentlich in alle Glieder gefahren. Aber da geschah etwas Seltsames: Plötzlich waren da zwei Wege, wo sie bisher doch immer nur einen gesehen hatten.

»Aus welcher Richtung sind wir denn gekommen?« fragte Billy mit zitternder Stimme. »Von hierher – von hier?«

»Ich weiß es nicht«, jammerte Marianne. »Ich habe keine Ahnung.«

Petra dachte lange nach.

»Ich glaube, es war der da, der rechte Weg. Bestimmt sind wir den heraufgekommen. Und selbst wenn ich mich irre, so führt er doch den Berg wieder hinunter, zum Dorf.«

Sie machten sich auf den Weg. Schweigsam, ängstlich, bitter bereuend, daß sie sich allein hierher gewagt hatten.

Und das Schneetreiben nahm ihnen fast den Atem, so stark war es nun. Nicht den nächsten Baum konnte man richtig erkennen.

Wie lange sie so gefahren waren wußten sie nicht, plötzlich blieb Petra stehen und rief:

»Wie dumm von uns! Nun sind wir glatt verkehrt gefahren! Seht mal, unsere Hütte!«

Sie kamen näher. Da stand wirklich eine Hütte, aber sie sah so merkwürdig aus, so fremd – und wo war der Futterplatz?

»Wißt ihr was«, flüsterte Marianne, »das ist nicht unsere Hütte, das ist eine andere . . . und wo geht der Weg weiter? Ich sehe keinen Weg mehr, Petra . . . wir haben uns verirrt . . .«

Sie hatte Tränen in den Augen, und Billy sah aus, als würde sie ebenfalls gleich zu weinen beginnen. Petra biß sich auf die

Lippen. Dachten die beiden denn, ihr sei anders zumute? Angst hatte sie, fürchterliche Angst – aber was nützte das jetzt!

»Hört mal zu, ihr tapferen Helden!« sagte sie großartig, »wir können hier nicht weiter, also gehen wir in diese Hütte und warten das Schneetreiben ab. Wenn wir mittags nicht zu Hause sind, merken sie ja, was geschehen ist und kommen uns suchen. Meint ihr nicht? Barry wird uns schon finden!«

»Ich gehe nicht in die fremde Hütte«, sagte Billy. »Nein ... lieber suche ich den Weg zurück. Irgendwo muß er ja sein.«

»So? Und dabei vergißt du, daß du im Gebirge bist. Du siehst ja kaum ein paar Meter weit. Was wirst du tun, wenn der Weg plötzlich aufhört, wenn der Berg steil abfällt? Nein, ich habe keine Lust, irgendwo abzustürzen.« Marianne gab Petra recht. Bei diesem Treiben weiterzugehen, war wirklich zu gefährlich und nicht zu verantworten. Es war nicht auszudenken, was alles geschehen konnte. Und Onkel Anton wollte mit Sylvester am frühen Nachmittag zurück sein. Die beiden würden sie mit Barry schon suchen.

»Geh du voran in die Hütte!« sagte Marianne zu Petra. »Du hast gewollt, daß wir in den Wald gehen – also geh du nur voran!«

»Du bist ja schon ganz grün vor Angst«, schimpfte Petra. »Schöne Freundinnen habe ich! Billy kriegt kein Wort mehr über die Lippen, so zittert sie, und du wirst frech. Wirklich, feine Kameraden.«

Die Angst brachte sie ganz durcheinander.

»Ach du«, sagte Marianne, »du hattest schon immer einen großen Mund, du ...«, und sie gab Petra einen leichten Stoß. Und Petra dachte nicht daran, sich das gefallen zu lassen. Sie hatte selbst viel zu sehr Angst, um jetzt noch tief Luft zu holen und bis zwanzig zu zählen. Sie gab Marianne eben auch einen Stoß, aber einen recht kräftigen, wie es ihrer Art entsprach. Marianne kam auf den Skiern ins Rutschen. Eine gute Läuferin war sie ja nicht. Sie stieß einen Schreckensschrei aus und stürzte hart zu Boden.

»Au«, rief sie, »au mein Fuß ...! Hilfe, Hilfe, ich habe mir den Fuß gebrochen!«

Billy und Petra lachten zuerst. Obwohl sie sich fürchteten, mußten sie lachen. Es sah auch zu komisch aus, wie Marianne so dalag, die Skier so quer, daß man nicht mehr wußte, was rechts und links war. Dann aber begriffen sie, daß sich Marianne weh getan hatte, sehr weh. Sie schrie jetzt nicht mehr. Sie saß mit weißem Gesicht im Schnee und starrte entsetzt auf die beiden.

»Wir... wir sind verloren... allein im Wald..., ich werde nicht mehr laufen können..., da, seht mal, mein Knöchel tut so weh, furchtbar weh..., du mußt mir den Schuh ausziehen, Billy, bitte, ich halte es nicht aus!«

Billy ging mit entsetzten Augen zu Marianne und schnürte ihr den Stiefel auf, löste die Skier. Marianne schrie leise, als Billy den Stiefel vom Fuß zog. Nun sahen sie es. In diesem kurzen Augenblick war der Knöchel schon angeschwollen. Petra kam wie im Traum auf Marianne zu. Sie stand da und starrte auf den Fuß. Dann umarmte sie plötzlich die Freundin und weinte bitterlich. Billy und Marianne hatten Petra noch nie so weinen sehen.

»Was hab ich getan! O Gott, was hab ich getan! Dein Fuß ist gebrochen, und ich bin daran schuld..., an allem bin ich schuld. Ich habe gewollt, daß wir allein in den Wald gehen, obwohl es uns nicht erlaubt war..., noch dazu mit den Skiern und ohne Barry! Ich bin an allem schuld, ich, ich, ich...«

Marianne schüttelte den Kopf und biß die Zähne zusammen. »Ich habe angefangen, ich war so wütend, und habe dich gestoßen, nur ich..., rede nicht so einen Unsinn! Du kannst doch nichts dafür. Wir wollten alle drei Polizei spielen... das ist daran schuld, sonst nichts. Versuch doch, ob wir in die Hütte können! Ich hab schon einen ganz nassen Po.«

Petra hörte auf zu weinen. Sie starrte Marianne an. Was für ein prima Kerl Marianne doch war!

Die Türe der Hütte war nicht versperrt. Petra trat ein. Es war eine kalte, primitive Hütte, nur eine Bank und ein Tisch waren darin.

Sie half nun Billy Marianne in die Hütte tragen. Das war

gar nicht so leicht. Marianne stöhnte und hatte große Schmerzen, und sie wog eben zu viel.

»Das sage ich dir«, ächzte Billy, »von heute ab passe ich auf, daß du nur mehr die Hälfte ißt! Du bist ja schwerer als Barry!«

Dann lag Marianne frierend, mit einem schmerzenden Bein auf der harten Holzbank. Am Anfang redeten sie ununterbrochen, aber je später es wurde, um so stiller wurden sie.

»Sie müßten uns doch längst vermißt haben«, sagte Billy endlich. »Wie spät kann es nur sein?«

»Ich weiß es nicht«, gab Marianne zu, und Petra dachte: Es müssen Stunden vergangen sein, es wird ja schon ein wenig dämmrig. Wenn Billy das bemerkt, fängt sie wieder an zu heulen.

»Ich habe Hunger«, sagte Marianne dann, aber die anderen glaubten es ihr nicht. »Hat keiner was zu essen für mich?«

Sie durchsuchten ihre Hosentaschen. Ein angebissenes Stück Schokolade, ein verrunzelter Apfel und ein nicht ganz sauberer Bonbon kamen zum Vorschein.

»Wenn dir das genügt?«

»Nur her damit!« sagte Marianne, und dann fing sie plötzlich an zu weinen.

»Ich muß immer an zu Hause denken. An Mama und Papa, und an Hans und die Zwillinge..., ich möchte nach Hause, ich möchte zurück... ich will nicht die ganze Nacht im Walde liegen und... und vielleicht finden sie uns überhaupt nicht mehr. Ich kann ja nicht einmal laufen mit dem Fuß...«

Petra wollte es nicht; sie hatte es sich selbst so sehr versprochen, tapfer zu sein, aber es nutzte nichts. Sie fing an zu weinen und umarmte wieder Marianne.

Billy, die ängstlichste von allen, saß in ihrer Ecke und rührte sich nicht. Plötzlich sprang sie auf.

»Warum sitzen wir eigentlich hier und jammern uns vor? Wenn wir schon nicht laufen können, so können wir doch schreien! Komm, Petra, hilf mir rufen! Wir müssen rufen, bis sie uns hören! Ein Heger oder der Förster wird doch im Walde sein.«

Sie gingen vor die Tür und riefen aus Leibeskräften.
»Haaaalooo... haaaloooo... hierher!«

Sie riefen lang, bis sie ganz heiser waren, und die Dämmerung um sie her aus allen Büschen und Bäumen kroch. Plötzlich hörten sie ein Knacken und Rascheln, erschreckt fuhren sie herum – und da tauchte Barrys dicker, guter Hundekopf auf. Winselnd und jaulend sprang er an den Mädchen hoch. Dann rannte er in die Hütte und leckte der wehrlosen Marianne das Gesicht vor Freude.

Die drei brachen in Jubel aus.

»Barry, du guter, du feiner Hund – du hast uns gefunden! Wo Barry ist, ist auch Sylvester... hört doch, hört...!« Sie lauschten nach draußen. Stimmen kamen aus dem Schnee. Und dann standen plötzlich Onkel Anton, Sylvester und der Förster vor ihnen.

»Gottlob, da sind sie!« rief Onkel Anton. »Aber was ist nur geschehen – Marianne, was ist denn mit deinem Fuß?«

Marianne hatte ihr Lachen wiedergefunden.

»Wahrscheinlich ist er gebrochen, Onkel Anton, ich bin eben doch keine gute Läuferin... und da bin ich mit einemmal ausgerutscht, und schon war es geschehen.«

»Ist gar nicht wahr!« rief Petra. Mariannes Edelmut war ihr nun zuviel. »Ich hab sie gestoßen, und da ist sie gefallen, aber gewollt habe ich nicht, daß sie sich das Bein bricht.«

»Ist alles nicht unsere Schuld«, schrie nun Billy. »Schuld hat der gemeine Wilddieb – seinetwegen haben wir den Marsch ja gemacht. Wir wollten ihn heimlich beobachten.«

Da mußte der Förster lachen.

»Ihr drei als Detektive? Kinder, was habt ihr euch denn dabei gedacht! Seht mal, ich suche ihn seit Wochen. Natürlich habe ich einen Verdacht – aber keinerlei Beweis. Und da kommt ihr...«

»Wir haben ja auch das Taschenmesser gefunden und wissen nun seinen Namen... wenigstens glauben wir ihn zu kennen«, sagte Petra rasch.

Der Förster wechselte einen raschen Blick mit Onkel Anton. »Sagt mal, Kinder – wovon redet ihr eigentlich? Was ist das für ein Taschenmesser – und was ist das für ein Name?«

Da fühlte Billy, daß nun ihre Stunde gekommen war. Sie griff in ihre Hosentasche und holte das Messer heraus, öffnete es stolz und zeigte die Klinge.

»Sehen Sie, Herr Förster? Das habe ich im Wald gefunden. Und die Klinge ist voll von getrocknetem Blut – und da steht J. B. Wir haben herausgefunden, daß es einen Johannes Bär gibt, der gern in den Wald geht, um Tannenzapfen zu sammeln...«

Der Förster stieß einen überraschten Ruf aus.

»Wißt ihr, Kinder, daß ich den Bär schon lange in Verdacht habe? Und ihr habt das herausgefunden? Nun, ich werde mir den Burschen jetzt vorknöpfen – vielleicht kann ich ihn einschüchtern. Aber eines sage ich euch: Wenn ihr recht behaltet, wenn dieser Bär wirklich der Schuldige ist, dann habt ihr bei mir einen Wunsch offen. Viel kann ich euch ja nicht bieten, aber meine Dackelin Rosa hat noch drei reizende kleine Dakkelwelpen zu Hause... wie wäre es damit? Sie haben einen prima Stammbaum.«

»Bitte«, schrie Petra, »hören Sie auf, Herr Förster! Das wäre ja zu schön, um wahr zu sein – daran will ich gar nicht denken.«

Onkel Anton nahm Marianne, als sei sie eine Feder, und trug sie auf dem Heimweg. Barry eilte voraus, und Sylvester bildete mit dem Förster den Schluß des seltsamen Zuges.

Billy und Petra, die nebeneinander gingen, waren lange stumm. Dann fragte Billy:

»Meinst du, eine Katze wird sich mit einem Dackel vertragen?«

»Ich weiß nicht – wenn der Dackel noch ganz klein ist, dann vielleicht.«

»Und meinst du, unsere Eltern sagen ja?«

»Das weiß ich leider auch nicht. Aber wenn wir schildern, wie wir einen Verbrecher entdeckt haben, werden sie vielleicht ja sagen zur Belohnung.«

»Quatsch«, sagte da Marianne. »Wollt ihr euren Kätzchen das antun? Man kann doch nicht alles haben, was man sich wünscht. Zuerst mußten es die Kätzchen sein – nun ein Hund? Wollt ihr die Kätzchen etwa töten lassen?«

»Aber nein«, riefen die beiden, »wer sagt denn so etwas!«

»Na, dann spinnt mal nicht so! Eine ausgewachsene Katze wird sich nie mit einem Hund vertragen. Sie wird ihm gleich am ersten Tag die Augen auskratzen.«

»Da hat Marianne recht«, mischte sich Onkel Anton ein. »Eine ausgewachsene Katze wird nie einen Hund in ihrem Bereich dulden – manchmal kommt es vielleicht vor, aber die Regel ist anders. Und was ist, wenn ihr dann eines der Tiere fortgeben müßt?«

»Das käme nie in Frage«, wehrte Billy entsetzt ab. »Meine Molly hat alte Rechte im Haus.«

»Seht ihr? Man kann eben nicht alles haben, was sich einem bietet.« Der Förster tröstete sie.

»Wie wäre es dann mit einem dicken, schönen Buch für jede? Vielleicht eines, worin man alles über Tiere nachlesen kann. Und wie wäre dazu noch ein Nachmittag im Forsthaus, bei meiner Frau und meinen Kindern – mit Kaffee und Kuchen und viel, viel Schokolade?«

»Das ist Klasse«, entschied Marianne.

Tante Martha war sehr erschrocken, als sie erfuhr, was geschehen war. Der Arzt wurde geholt und stellte fest, daß Mariannes Knöchel wirklich gebrochen war.

»Schade, und ich wäre so gern mit euch noch Ski gelaufen«, sagte Marianne, aber sie sah nicht unglücklich aus, und die anderen hatten sie in Verdacht, daß sie eigentlich die Skier haßte. »So bleibst du eben bei mir zu Hause, und ich füttere dich ordentlich heraus, solange die anderen sich draußen herumtreiben«, meinte Tante Martha, und Marianne war mit diesem Vorschlag zufrieden.

Spät in der Nacht rief der Förster noch an. Er hatte den Wilddieb gefangen. Als er Johannes Bär zur Rede stellte und ihm das Taschenmesser zeigte, verlor der seinen zweifelhaften Mut und gestand seine Schandtaten. Die Mädchen hatten recht behalten. Sie waren stolz darauf und schrieben einen langen, ausführlichen Brief an ihre Eltern.

Ende gut, alles gut

Silvester hatten sie zum erstenmal in ihrem Leben mit den Erwachsenen feiern dürfen. Tante Martha hatte gemeint, daß sie doch schon große Mädchen seien und es einmal nichts ausmache, wenn sie erst nach Mitternacht zu Bett kämen.

Lustig war es auf dem Lerchenhof in dieser Nacht. Die alte Marie und Xaver gossen Blei und rätselten, was die seltsamen Gebilde wohl darstellten, was die Zukunft bringen würde. Die Lichter am Weihnachtsbaum brannten noch einmal, und Onkel Anton las ihnen lustige und traurige Tiroler Geschichten vor. Um Mitternacht betrachteten sie das kleine Feuerwerk, das die jungen Burschen des Dorfes auf den Hügeln rings um den Ort abbrannten. Und als Abschluß bekam jedes Kind ein Glas richtigen Punsch – ausnahmsweise, wie Tante Martha mit einem Augenblinzeln meinte.

Gleich am ersten Tag des neuen Jahres bekam Billy einen dicken Brief von zu Hause. Sie las ihn, und ihr Gesicht wurde immer glücklicher. Schließlich schrie sie laut: »Ich darf, ich darf – alles herhören, ich darf wirklich!« Sie tanzte mit dem Brief in der Stube umher und benahm sich ganz ausgelassen.

»Nun erzähl doch einmal, was du eigentlich darfst!« meinte Sylvester. »Du benimmst dich ja wie Barry, wenn er einen Hundefloh erwischt hat!«

»Orgelspielen darf ich lernen! Papa selbst hat mir geschrieben! Und er hat schon einen Lehrer für mich. Ich darf jetzt zweimal in der Woche Unterricht in der Kirche haben – Ist das nicht fein? Und ein Klavier bekomme ich auch... und... und... ich werde noch verrückt.«

»Ich glaube, das bist du schon«, sagte Sylvester grob. »Spiel du also deine Orgel, wenn du nach Hause kommst – aber jetzt mach dich fertig, wir wollen heute eine etwas schwierigere Abfahrt üben. Der Idiotenhang ist doch nichts mehr für euch.«

Petra wollte Marianne bedauern, die bei diesem herrlichen, sonnigen Winterwetter nicht dabei sein durfte. Aber Marianne war nicht traurig. Sie hatte ein schönes Buch vom Förster bekommen, darin wollte sie lesen, und die alte Marie hatte ihr einen großen Teller Gebäck neben das Bett gestellt und dazu süßen Obstsaft. Nein, die schrecklichen Skier konnten sie gar nicht mehr reizen. Am sichersten stand man doch auf den eigenen Beinen. Denen konnte man wenigstens vertrauen. Billy und Petra aber hatten große Fortschritte gemacht. Sylvester lobte sie sehr.

»Wenn ihr wiederkommt, lehre ich euch das Wedeln«, sagte er, und die beiden nickten ein wenig traurig.

Wenn sie wiederkamen. Ja, morgen war es so weit. Morgen würde Mariannes Vater sie holen. Morgen ... Petra ließ sich in den Schnee fallen und zog Billy mit.

»Wunderschön war es hier ... wunderschön ... ich könnte heulen, wenn ich an morgen denke. Morgen ist alles vorbei.«

Billy nickte.

»Gewiß, morgen müssen wir hier Abschied nehmen, aber freust du dich kein bißchen auf zu Hause? Auf deine Eltern, auf dein eigenes Bett – auf deine Elsa?« Petra sah ganz erschrocken aus.

»Ach natürlich freue ich mich – sogar sehr. Ich hab meine Eltern doch lieb ... und Elsa auch. Ein wenig freue ich mich sogar auf den Unterricht. Eigentlich ist es oft doch sehr lustig in unserer Klasse – und manche Lehrer sind nett, sehr nett. Ich freue mich auch – zu Hause ist doch zu Hause – aber es tut mir leid, daß man nicht das eine und das andere haben kann.«

»Das geht eben nicht, das ist immer so.«

»Ich weiß schon. Aber die Berge, der wunderschöne Wald, deine Verwandten und Sylvester, der Förster und der alte Max, unsere kleine Silvia und Katharina ... das alles möchte ich behalten.«

Billy dachte darüber nach.

»Und ich möchte am liebsten auch den alten, guten Pfarrer jeden Tag sehen – so wie bisher, aber es geht eben nicht. Du, das ist wohl immer so im Leben. Man kann nicht alles haben, und man muß sich daran gewöhnen, daß das so ist. Es war doch schön, es hat uns allen gefallen, auch Marianne, obwohl sie den Unfall hatte ... und in einem Jahr kommen wir wieder. Onkel Anton hat uns sogar für die Sommerferien eingeladen. Willst du noch mehr?«

»Nein«, gab Petra zu, »ich wollte auch nicht undankbar sein. Wir kommen ja wieder – schon wegen Silvia. Aber es tut weh, nicht wahr? Tut es dir nicht auch ein wenig weh, da drinnen, wenn du daran denkst, daß du übermorgen erwachst und keinen Bergwald vor dem Fenster siehst, sondern nur das Vollmondgesicht der dicken Milchfrau von gegenüber?«

»Aber auch das gehört dazu – zu meinem Zuhause«, sagte Billy. »Auch die dicke Milchfrau.«

»Na ja, du verstehst schon«, seufzte Petra. »Ein Jahr lang werden wir nichts als die Erinnerung haben ... erinnerst du dich gern an schöne Dinge, die du erlebt hast?«

»Freilich.«

»Ich auch – schrecklich gern. Du – es ist doch wahr, wir kommen doch bestimmt wieder auf den Lerchenhof?«

»Ganz bestimmt«, tröstete Billy. Da lachte Petra, nahm Billy bei der Hand und fegte mit ihr über den Hang hinab.

PAWLAK JUGENDBÜCHER

1. Ingeborg Heidrich
Nele und Shetty

2. Heinrich Ludwig
Ritter Zachus vom Zachelstein

3. Hans Ludescher
Abenteuer im Königreich Merletanien

4. Irene Reif
Karle Donnerwetter I und die Bande vom Schwarzen Fluß

5. Irene Reif
Karle Donnerwetter II und die geheimnisvolle Schatzsuche

6. Irene Reif
Drei Mädchen

7. Irene Reif
Große Freundschaften

8. Heinrich Seidel
Der Hexenmeister

9. Alfred Zacharias
Columbus entdeckt Amerika

10. Alfred Zacharias
Jonas und der Wal Tiergeschichten aus der Bibel

11. Alfons Schweiggert
Mein Bär tanzt auf dem Regenbogen

12. Franz Pocci
Lustige Gesellschaft Reime, Mächen und viele Bilder

13. **Till Eulenspiegel**

14. **Der gehörnte Siegfried** und andere deutsche Volkssagen

15. **Genovefa** und andere deutsche Volkssagen

16. **Der Berggeist Rübezahl**

17. Gottfried August Bürger
Die wunderbaren Reisen zu Wasser und zu Lande des Freiherrn von Münchhausen

18. Brüder Grimm
Märchenschatz

19. Brüder Grimm
Der Riese Haym Über 90 der schönsten Sagen

20. Hans Christian Andersen
Die schönsten Märchen

21. **Die schönsten Märchen aus Europa**

22. **Die schönsten Märchen aus aller Welt**

23. **Die schönsten Tiermärchen**

24. Gerstäcker, Bd. 1
Schwarz und Weiß

25. Gerstäcker, Bd. 2
Zivilisation und Wildnis

26. Gerstäcker, Bd. 3
Auf der See

27. Gerstäcker, Bd. 4
Der Erdbeben von Mendoza

28. Gerstäcker, Bd. 5
Die versunkene Stadt

29. Gerstäcker, Bd. 6
Der Flatbootmann

30. Stig Ericson
Dan Henry's Flucht

31. Stig Ericson
Dan Henry allein im fremden Land

32. Stig Ericson
Dan Henry im Wilden Westen

33. Stig Ericson
Blas zum Angriff Dan Henry

34. Anna Jürgen
Indianermädchen der Prärie

35. Hans Erik Engqvist
Schwarzer Sommer

36. Burkhard Bierschenck
Der geraubte Sieg

37. Burkhard Bierschenck
Rache in Nuristan

38. Peter Erfurt
Admiral Moses Oxbrow Bd. 1

39. Peter Erfurt
Ein neues Leben Oxbrow Bd. 2

40. Peter Erfurt
Robinson Oxbrow Oxbrow Bd. 3

41. **Des Abends, wenn ich früh aufsteh** Die schönsten Kinderverse und Abzählreime

42. Robin Sohn
Der kleine Sonnenmann

43. Alfons Schweiggert
Der Superriesen-Zauberspaß

44. Alfons Schweiggert
Schüler-Merkbuch

45. Mary Patchett
Mit 800 Rindern unterwegs

46. Mary Patchett
Pferdejunge Todd

47. Mary Patchett
Der verhexte Berg

48. Tim Maran
Plantagen Panther

49. Tim Maran
Ich jagte den Königstiger

50. Tim Maran
Eine Falle für den Dieb